Finnland
Schweden
Estland
Russland
Lettland
Litauen
Weissrussland
Polen
Schechien
Slowakei
Ukraine
Terreich
Ungarn
Wenien
Kroatien
Rumänien
Serbien
Bulgarien
Makedonien
Albanien
Türkei
Griechenland

TSCHECHIEN SLOWAKEI

Der Fuhrmann aus Prag ... erwiderte mir anfangs mit seiner Gernklugheit, seiner Sprechseeligkeit, in der Folge zeigte er sich aber doch als ein tüchtiger, zwar gewinnliebender, aber nicht gerade habsüchtiger Mann. Belehrungen teilte er überall aus. Den Buben, die den Vorspann führten, predigte er gegen den Eigennutz: «Hier habt ihr zwei Groschen mehr», rief er ihnen zu, «aber verkauft nicht Leib und Seele für ein paar Dreier! Euer Herze müßt ihr bilden.» – «Ja», sagten die Knaben und nahmen das Geld.

Franz Grillparzer,
Tagebuch auf der Reise nach Deutschland, 1826

TSCHECHIEN SLOWAKEI

Fotografie Axel M. Mosler
Text Michael Frank
Peter Heumos · Michaela Marek

Bucher

INHALT

Tschechien · Slowakei

Michael Frank

Seite 1: Droschkenkutscher in Františkovy Lázně (Franzensbad).

Seite 2/3: Die Burg Oravkský hrad in der Slowakei schützte den Handelsweg von Ungarn nach Polen. Die mächtigen Mauern bieten eine weite Aussicht.

Oben: Sanfte Hügel, Wiesen und Felder prägen die südböhmische Landschaft.

Bildkapitel

Axel M. Mosler

Seite 6/7: Am Altstädter Ring schlägt das Herz des historischen Prag (siehe Seite 142). Zu Füßen des Altstädter Rathauses bilden Renaissance- und Barockfassaden eine große Kulisse; hier an der Südostseite des Platzes.

Seite 8/9: Nach dem großen Brand von 1530 wurde der Stadtplatz von Telč (Teltsch; siehe Seite 15) im Stil der Renaissance wiederaufgebaut.

R E I S E F Ü H R E R

Michaela Marek und Peter Heumos

Galerie U
HVH

Spontanes Konzert beim Vereinsausflug. Folklore und altes Brauchtum sind in der Slowakei noch sehr lebendig. Diese Gesangsgruppe auf dem Marktplatz von Trenčín (Trentschin) trägt die slowakische Tracht des Váh-(Waag-)Tals. Auf dem Felsen über der Stadt die mächtige Festung, die im 15. und 16. Jahrhundert zum Schutz gegen die Türken ausgebaut wurde.

Sieben Jahrzehnte einer Idee: Die Tschechoslowakei

Michael Frank

Wie eine magische Zahl zieht sich die Acht durch die tschechoslowakische Geschichte: Das Revolutionsjahr 1848 war der Brennpunkt der nationalen Erweckung, 1918 kam die Selbständigkeit der Tschechoslowakei als Republik, 1938 deren Vernichtung durch das Münchner Abkommen, 1948 die kommunistische Machtübernahme, 1968 der Prager Frühling und seine gewaltsame Niederwerfung und schließlich 1988, im zwanzigsten Gedenkjahr, zitterten die Machthaber in Praha (Prag) und Bratislava (Preßburg) schon vor Angst. Aber die sanfte, die Samtene Revolution brauchte noch ein Jahr, bis zum November 1989, bis sie ans Ziel kam. Für Zahlenmystiker schien es da kein Wunder, daß sich nach dieser Abweichung von der Regel bald das Ende dieses Staatswesens ankündigte.

Es wird vielleicht noch Jahrzehnte dauern, bis sich die umliegenden Nachbarn und die Europäer insgesamt an das Verschwinden der Tschechoslowakei gewöhnt haben werden. Im Bewußtsein des Kontinents hatte sich kaum ein anderer der aus der Neuordnung nach dem Ersten Weltkrieg hervorgegangenen Neu- und Nationalstaaten derart als logisches und homogenes Gebilde etabliert. Dabei hat der gemeinsame Staat der Tschechen und Slowaken – zunächst auch vieler Deutscher und Juden, Ungarn und Ruthenen – insgesamt nur vierundsiebzig Jahre überdauert. Von außen muteten die beiden Nationalitäten immer wie enge Geschwister, beinahe wie Zwillingsbrüder an; sie wurden – besonders zum Verdruß vieler Slowaken – oftmals sogar als identisch betrachtet.

Die Vision einer mitteleuropäischen Schweiz

Nach einem ganzen Jahrtausend getrennter politischer Schicksale umfaßte die Geschichte des engen Zusammenlebens von Tschechen und Slowaken jedoch nur diese gut sieben Jahrzehnte gemeinsamer Staatlichkeit. Diese Ungleichzeitigkeit, oder besser, die mangelhafte Kenntnisnahme dieser Ungleichzeitigkeit, hat letztlich bewirkt, daß die Tschechoslowakei, die einmal eines der glänzendsten Gemeinwesen Europas darstellte, zum Jahreswechsel 1992/93 in den Schoß der Geschichte zurückgesunken ist. Doch ein jeder beobachte an sich selbst und anderen, wie oft noch heute viele unwillkürlich von der «Tschechoslowakei» zu reden beginnen …

Dieser nächste Nachbar Deutschlands, mit dem es die längste Grenze teilt, lag auf Grund seiner Isolation durch den Eisernen Vorhang außerhalb des westeuropäischen Bewußtseins. Obwohl man einmal auf der Schule gelernt hatte, daß die Karlsuniversität in Prag 1348 als erste Universität diesseits der Alpen gegründet worden sei, entrückten die politischen Verhältnisse die Goldene Stadt gefühlsmäßig weit in die Steppen des Ostens, irgendwo knapp diesseits des Ural.

Heute, da schon seit Jahren Abermillionen «die Hunderttürmige» besuchen, hat sich die Betrachtung von Prag als einer erzeuropäischen Stadt, ja als eines Zentral- und Schnittpunkts fast aller Kulturen des Kontinents wiederbelebt, aber die Länder selbst, ihre Menschen und Landschaften sind immer noch auf merkwürdige Weise fremd geblieben. Wie sich doch Topographie in den Köpfen verschieben, verwirren kann: Welcher Deutsche wäre nicht noch immer verblüfft, wenn man ihm erklärt, daß eine Reise von Wien nach Prag nach Nordwesten führt? Welcher Gast wäre nicht ob des vermeintlich

dummen Scherzes verärgert, doch auf einen Tagesausflug von Wien in die Kleinen Karpaten mitzukommen – nicht ahnend, daß dieses malerische Waldgebirge gerade 60 Kilometer von Wien entfernt, nahe der slowakischen Hauptstadt Bratislava liegt?

Im 13. Jahrhundert wurde die Burg Zvíkov (Klingenberg) erstmals erwähnt. Sie beherrscht die Mündung der Otava (Wottava) in die Vltava (Moldau). Vom 32 Meter hohen Turm des ehemaligen Königssitzes hat man einen weiten Ausblick auf die beiden Flüsse und die umliegenden Wälder.

Das muß auch schon in der Ersten Republik, also vom Anbeginn der Eigenstaatlichkeit bis zum Zerstörungswerk der Nationalsozialisten und ihrer Helfershelfer, so gewesen sein. Denn wie hätte sich im allgemeinen Bewußtsein des übrigen Europa sonst so wenig von dem eigenen, ja herausragenden Zuschnitt dieses mitteleuropäischen Zentralstaates einprägen können? Die Tschechoslowakei verfügte damals über die modernste und leistungsfähigste Industrie weit und breit. Als der Erste Weltkrieg ausbrach, im Jahr 1914 also, lagen nach internationalen Statistiken zwischen 70 und 80 Prozent des gesamten Industriepotentials der riesigen Donaumonarchie in Böhmen und Mähren. Voller Stolz über den neuen, ganz eigenen Glanz sprang die volkswirtschaftlich viel kräftigere junge Republik sogar finanziell dem schwer darbenden «Restösterreich» bei.

Trotz ihrer Schwächen in der Volksgruppenpolitik war die Tschechoslowakei damals das demokratischste Staatswesen im Umkreis. Entgegen den politischen Theorien der Zeit verband sie sogar einander scheinbar ausschließende Elemente. Eine These lautete: Nationalismus und Demokratie sind unvereinbar. Dennoch gelang es, auf der Basis eines ausgeprägten tschechischen Nationalbewußtseins eine Gesellschaft aufzubauen, die in sich wesentlich mehr Legitimität lebte als die diktatorischen oder autoritären Regime rundum.

Noch heute berufen sich bewußte Tschechen auf eine gleichsam angeborene demokratische Tradition seit dem Mittelalter, begründet von Jan Hus (um 1370–1415), dem großen Reformator und Volkslehrer. Bewußtseinsbildend blieb auch der Verlust der Adelselite in

Rechts oben: Kulturland und Wildnis liegen in der Slowakei oft noch dicht beieinander. Streuobstwiesen, wie hier bei Čicmany, grenzen nicht selten an fast unberührte Wälder.

Rechts unten: Abenteuer auf dem Fluß Dunajec. Eine Floßfahrt am Červený Kláštor (Rotes Kloster) im nordslowakischen Pieninen Nationalpark (siehe Seite 150). Die «Kapitäne» tragen die goldbestickte Tracht des Gebirgsvolks der hier lebenden Goralen.

der Gegenreformation, die Niederwerfung und Enteignung der böhmischen Stände nach der Schlacht am Weißen Berg im Jahr 1620, als die katholisch-kaiserliche Macht die böhmisch-mährische Gesellschaft regelrecht enthauptete. Seither, von Hus über den Weißen Berg bis heute, entwickelte sich in den böhmischen Ländern mehr als sonstwo eine tiefgreifende egalitäre Tradition, ein im besten Sinne proletarisches Bewußtsein, wobei offenbleibt, ob dies unbedingt immer mit «demokratischem» Bewußtsein gleichzusetzen ist.

Den Keim des Zerfalls trug die Tschechoslowakei bereits in ihrer Geburtsstunde in sich. Was als Erfolg, ja als Geniestreich ihrer Gründer erschien, erwies sich auf Dauer als tödlicher Infekt, der – vorübergehend – durch die Politik des Dritten Reiches zur Auslöschung des Staates und nach dem Ende der kommunistischen Ära unter endlich wieder demokratischen Verhältnissen zum endgültigen Zerfall führte: Die Gründerväter hatten 1918 in dem jungen Staat neben den Tschechen auch die Slowaken und die große Gruppe der traditionell im Zentrum und in den Randgebieten lebenden Deutschen zusammengeführt, als Vision einer mitteleuropäischen Schweiz.

Die Verfechter dieser Idee hatten schon während des Ersten Weltkrieges Frankreich, England und die Vereinigten Staaten von Amerika von der größeren Lebensfähigkeit eines zusammengesetzten Staatsgebildes im Herzen des Kontinents überzeugen können. Die Deutschen, von denen ein großer Teil besser als Altösterreicher zu bezeichnen wäre, gerieten innerhalb der seit einem Jahrtausend unveränderten Grenzen Böhmens nur widerwillig mit hinein. Daß sich die Slowaken dem neuen Staat anschlossen, gestattete einen gewissen Ausgleich der Volksgruppen: So gab es außer der zentralen tschechischen zwei große andere nationale Gruppen, die sich gleichsam die Waage halten sollten.

EIN WETTSTREIT VON GIEBELN UND FASSADEN

Tschechische und slowakische Plätze

Sie gehören zu den schönsten der Welt. Renaissance- und Barockhäuser gruppieren sich zum «Ring», dem weitläufigen Zentrum eines bürgerlichen Selbstbewußtseins. Hier stehen Kirche und Rathaus, Arkaden und Lauben umziehen den Platz und steigern den stattlichen Eindruck des Ganzen.

1

2

1 *Das Thurzo-Haus gehört zu den Renaissancebauten am Altstadtring in Levoča (Leutschau), einst Hauptort des Bundes der 24 Zipser Städte.*

2 *Die größte und prächtigste im Land: Die Dreifaltigkeitssäule auf dem Oberring von Olomouc (Olmütz).*

3 *Der Stadtplatz von Telč (Teltsch) wurde nach einem Brand im 16. Jahrhundert wie aus einem Guß neu aufgebaut. Links im Vordergrund ein Stück des barocken Marienbrunnens.*

Wollte man die alten ständischen Kontrahenten des Adels und des Bürgertums architektonisch darstellen, so entsprächen ihnen Hof und Platz am besten. So prächtig oder trutzig Schloß und Burg sein mögen, so sind sie doch sichtbar darauf aus, einen ganz engen Interessenbereich abzuzirkeln und zu sichern. Feudale Bauten umschließen ihre Innenhöfe eifersüchtig. Schon der Begriff des Hofes im gesellschaftlichen Sinn hat etwas Unzugängliches und Ausschließendes. «Bei Hofe» wie auch immer anzukommen, gelang nur durch die Mühsal eines bürokratischen und intriganten Hürdenlaufs. Weltoffenheit war hier nicht die Regel. Der Platz, scheinbar ebenfalls nichts viel anderes als ein geschlossener Raum, verrät dann doch ein ganz anderes Wesen: Er mauert nicht ein, sondern faßt zusammen, er schließt nicht aus, sondern lädt ein. Statt Gefängnis, das der Hof sein kann, ist der Platz Heimstatt, ständige Aufforderung, zu verweilen. Zugleich vereinigt er die Interessen der Vielen, für die er den Mittelpunkt abgibt. Sprachbildlich hat es seinen Reiz, daß im böhmischen Deutsch der Platz nicht selten «Ring» heißt; er wurde also ursprünglich als ein starkes Band gesehen, das die Häuser um die Kirche und/oder das Rathaus bildeten. Im Tschechischen gibt es ähnliche Wortformen. Der Platz vereinigt sinnbildlich die divergierenden Interessen des Gemeinwesens, bleibt aber offen für Ideen, die neu hinzutreten, auch offen für alles, was zu scheiden wünscht. Er ist also Symbol für die freieste Form der Gemeinsamkeit. Weltoffenheit war und ist folgerichtig die vornehmste dieser Tugend dieser selbstbewußten Bürgergesellschaften.

4 *Fast südländisch wirken die malerisch bunten Renaissancehäuser am Marktplatz der Kreisstadt Svitavy (Zwittau) in Mähren.*

5 *Der Turm der Stadtpfarrkirche St. Wenzel überragt die Nordseite des Rings in Mikulov (Nikolsburg) im südmährischen Weingebiet.*

6 *Ein ehemaliger Wachturm am Marktplatz von Domažlice (Taus) dient der Kirche Mariä Geburt als Glockenturm und bietet eine hervorragende Aussicht.*

4

3

5

6

In Böhmen und Mähren gruppieren sich in Dutzenden von Städten die Bürgerhäuser um ihre Plätze wie um Perlen: In Telč (Teltsch), Domažlice (Taus), České Budějovice (Budweis), Český Krumlov (Krumau), Třeboň (Wittingau), Olomouc (Olmütz), Opava (Troppau), Hradec Králové (Königgrätz), Svitavy (Zwittau) – bis in die Slowakei hinein nach Banská Bystrica und Levoča (Leutschau; ausführliche Beschreibung der Orte im Reiseteil). Ihr prominentester ist natürlich der Altstädter Ring in Prag, ein von Kraft und Zartheit gleichermaßen geprägter Schnitt durch das letzte Kulturjahrtausend des alten Kontinents, ein Ort, auf dem so manchem die Dimension Europas erstmals sinnlich offenbar wird.

Das Nonplusultra eines mitteleuropäischen Platzes ist aber jener von Telč im westlichsten Zipfel Südmährens. Diese Örtlichkeit verkörpert beinahe ideal die besondere Mischung, die Ordnungssinn in der Vielfalt ergeben kann. Der Telčer Platz ist wie eine Triangel geformt, umsäumt von Bürgerhäusern, fast alle zweistöckig, alle mit Arkaden versehen, deren schattige Bogengänge eine Art Balkon für das Platzgeschehen bilden. Beim genauen Hinsehen aber gelten hier eben nicht preußische Landbauordnungen, sondern die Lust am Detail. Dieses zunächst scheinbar so ebenmäßige Gebilde ist ein üppiges Gewimmel von Formen und Abweichungen. Zumeist sind es Bauten der Renaissance und des Barock. Hier gilt keine Traufenverordnung: Wiewohl von ähnlichen Dimensionen, hält sich kein Bau sklavisch an die Schulterhöhe des anderen. In Giebelformen und Erkern, in der Vereinnahmung alter Elemente, manchmal auch im Vorwitz, mit dem sich eine Fassade auf die offene Fläche hinauswagt, inszeniert der Platz seinen eigenen Wettstreit: Da gleicht nichts dem anderen, da ist jede Linie, wenn auch zart, oftmals gebrochen, da folgt kein Ornament dem anderen. Die Reihen der Arkaden verleihen dem Platz traumhafte Leichtigkeit. Die Häuserzeilen scheinen zu schweben. Die einzige, eher abweisende Mauer in diesem goldenen Dreieck gehört – natürlich – zum Stadtschloß der alten Feudalherren.

Eine Mischung aus Kunstsinn und Geldmangel hat viele dieser Platzanlagen unversehrt gelassen. Die neue Zeit ist eine größere Gefahr für sie, wenn das gewachsene Geflecht der Gewerbe und Behausungen, der Geschäfte, der Kneipen und Büros einer Monotonie von Wechselstuben, Glasläden, Fast-food-Buden und Shops für Touristenramsch weichen soll. Mancher engagierte tschechische Denkmalschützer führt einen verzweifelten Kampf um historische Schaufensterformen und Reklameschilder. Zumeist behält dann aber doch der gesunde, am Charme der alten Stadt orientierte Lokalpatriotismus die Oberhand. *Michael Frank*

Die Idee einer Schweiz im Herzen des Kontinents war grandios. War nicht auch die märchenhafte Gestalt böhmischer, mährischer und slowakischer Städte Ergebnis einer glücklichen Multikulturalität? Hatten nicht Tschechen, Slowaken, Juden, Ungarn und Deutsche jeweils gemeinsam den Glanz von Prag, den Liebreiz von Banská Bystrica (Neusohl), die Schönheit von Olomouc (Olmütz) und die alte, heute verflogene vielkulturelle Lebhaftigkeit von Bratislava gemeinsam hervorgebracht? Ohne die Nachbarschaft der slawischen Volkssprache und das geistige Leben der jüdischen Gemeinden wäre etwa ein Prager oder Brünner Deutsch nie zu diesem faszinierenden Idiom entwickelt worden, dem wir große Literatur verdanken: Kafka, Kisch, Werfel, Musil, Roth und Rilke seien hier stellvertretend für viele genannt.

Es wäre jedoch falsch, dieses jahrhundertelange Zusammenleben als Paradies zu verherrlichen. Die Reibungen waren intensiv, die Liebe zueinander mäßig. Aber der gemeinsame Wille zum Miteinander reichte aus zur gegenseitigen Achtung und schuf eine fruchtbare Konkurrenz, die alle Gruppen zu Höchstleistungen ansporne und geistige, architektonische und künstlerische Kleinodien sonder Zahl gebar.

Links oben: Die Dorfstraße von Zátyní (Sattei) bei Dubá (Dauba) im Böhmischen Mittelgebirge auf einem Foto um 1930. «Böhmische Dörfer» sind sprichwörtlich geworden, weil sie so schwer zu finden sind. Meist liegen sie in den geschützten Tälern und entziehen sich so dem Blick des Reisenden.

Links unten: Hopfenernte bei Žatec (Saaz) in den dreißiger Jahren. Die nordböhmische Stadt liegt im Mittelpunkt des tschechischen Hopfenanbaugebiets.

Ungleiche Geschwister

Die neuen Zeiten fielen jedoch anders aus, zumal der Rückgriff auf das Ideal des alten Landespatriotismus mißlang, der die Identifikation aller Bevölkerungsgruppen mit dem gemeinsamen Staatsgebilde voraussetzte. Dies in einer Zeit, als längst der Nationalismus, also die Identifikation ausschließlich mit der eigenen Volksgruppe und Kulturgemeinschaft, sich krebsartig fast aller kontinentalen Gesellschaften bemächtigt hatte.

Das kühne Experiment Tschechoslowakei wäre vielleicht dennoch gelungen, hätte man alle Nationalitäten gleich behandelt. Während sich jedoch Tschechen und bedingt auch die Slowaken als tragende Säulen des Staates etablieren konnten, wurde der deut-

Mitte: Ein Karpfen auf dem Tisch ist fester Bestandteil der tschechischen Weihnacht. Die zahlreichen Fischteiche um die südböhmische Stadt Třeboň (Wittingau) werden Anfang Dezember nach altem Brauch jährlich abgefischt.

Rechts oben: Als Skifahren schick wurde. Zur Mittagsrast in Vápenice (Kalkofen) drängten sich um das Jahr 1930 zahlreiche Freunde des Wintersports.

Rechts unten: Das Holz aus den nordböhmischen Wäldern wurde, wie hier auf einem Foto um 1930, im Winter mit Hörnerschlitten zu Tal gebracht.

schen als zweitgrößter Volksgruppe dieser Status vorenthalten, und sie wurde damit gleichsam in die Rolle einer Minorität abgedrängt. Ungarn, Polen und Ruthenen waren der Kopfzahl nach hingegen tatsächlich nur Minderheiten.

Trotzdem gab es auch viele Deutsche, die den Wert einer offenen, liberalen Bürgergesellschaft erkannten und sich leidenschaftlich für die Tschechoslowakei als ihren Staat einsetzten. Die ČSR, wie sich das Land offiziell abkürzte, wurde nicht umsonst Zufluchtsort vieler deutscher und später auch österreichischer Dichter, Literaten und Politiker, die sich vor dem Nationalsozialismus und dem austriakischen Klerikalfaschismus hierher in Sicherheit bringen mußten.

Dennoch vergifteten das Fehlen wirklicher Gleichstellung in Staat und Gesellschaft, eine wachsende wirtschaftliche Benachteiligung und später die sich aus diesen Mängeln speisende wüste nationalistische Agitation besonders vom nationalsozialistischen Deutschland aus die innere Lage bis ins Unerträgliche.

Für die Tschechen beginnt das Ende des jahrhundertelangen Zusammenlebens nicht erst mit der Vertreibung 1945/46, die übrigens von großen Teilen der Bevölkerung bis heute nicht als Unrecht begriffen wird. Das Ende markiert für sie das sogenannte «Münchner Abkommen» von 1938, in dem unter Beihilfe Italiens, Frankreichs und Großbritanniens die «Sudetengebiete», der großzügig zugeschnittene Siedlungsraum der deutschen Volksgruppe, zugunsten des Reiches abgetrennt wurde.

Hier liegt das Trauma, das in der Besetzung der «Rest-Tschechei» und der Abtrennung der Slowakei als klerikalfaschistischem Satellitenstaat des Großdeutschen Reiches seine Vollendung fand. Aus tschechischer Sicht war die Vertreibung der Deutschen nach dem Krieg die logische Konsequenz aus der Zerschlagung ihres Staates und dem nachfolgenden Nazi-Terror. Der Mord der Deutschen an den böhmischen Juden war ohnehin der erste fürchterliche Schritt zur ethnischen Säuberung Mitteleuropas, wobei auch die separate, von dem Prälaten Jozef Tiso regierte Slowakei ihre hilfreiche staatliche Hand lieh.

Anfang und Ende der Tschechoslowakei sind geprägt von ihren zwei wohl imposantesten politischen Persönlichkeiten: Vom Gründerpräsidenten Tomáš G. Masaryk (1850 bis 1937) und dem Dichterpräsidenten Václav Havel (geb. 1936). Masaryk, ein hart an der slowakischen Grenze geborener Mährer, gilt heute noch als des Landes größter Sohn, wenn nicht als die Inkarnation der Tschechoslowakei schlechthin.

Er war es, der die Slowaken zu überzeugen vermochte, daß die beiden slawischen Brudervölker zusammenstehen sollten, obwohl doch die böhmischen Länder Jahrhunderte unter österreichischer, die Slowakei als «Oberungarn» jedoch ein Jahrtausend lang unter ungarischer Herrschaft gestanden hatten. Der Soziologe und Philosoph, Schriftsteller und Universalgelehrte Masaryk wurde denn auch posthum das Ideal, ja der Abgott seines letzten Nachfolgers im Präsidentenamt Havel.

Vielleicht hatte das Scheitern der Tschechoslowakei auch damit zu tun, daß die Idealisierung der Staatsgründung nach dem Ersten Weltkrieg den Blick auf die gegenwärtigen Erfordernisse verstellte. Wie Masaryk seine Schweiz-Vision in der Praxis selbst ruinierte, so wollte Havel, ein waschechter Prager, um jeden Preis die Föderation von Tschechen und Slowaken erhalten wissen, ohne daß er begriffen hatte, was Föderalismus überhaupt bedeutet. Er erkannte zu spät, daß das, was aus einer halbherzigen Reform des Jahres 1968 entstanden war, diesen Titel niemals verdient hatte.

Wer den Enthusiasmus jener Tage miterlebt hat, die 1968 als Prager Frühling in die europäische Geschichte eingingen und die mit dem Einmarsch von Truppen des Warschauer Paktes abrupt endeten, glaubte sich an einer Zeitenwende: Während im Westen Studenten und die Jugend im allgemeinen für wenig ausgegorene Vorstellungen einer neuen Sozialordnung auf die Straße gingen, begannen Tschechen und Slowaken in ihrem Land mit dem einmaligen Experiment, den realen Poststalinismus in einen «Sozialismus mit menschlichem Gesicht» umzuwandeln. Die Panzer machten dem ein Ende; die Gesellschaften beider Nachfolgestaaten beurteilen den damaligen Demokratisierungsversuch und dessen Protagonisten, etwa Alexander Dubček (1921–1992), jedoch mit großer Distanz, viel abschätziger jedenfalls als der Westen.

Das Jahr 1968 brachte auch den Beginn neuer Entfremdungen im Inneren: Das sogenannte «Normalisierungsregime» des Slowaken Gustav Husák knebelte die eher intellektuell ausgerichtete Opposition Böhmens und Mährens ungleich härter als die der Slowakei, wo die katholische Kirche als stärkste, aber auch ihrerseits autoritäre Gegenstruktur im Untergrund wirkte. Die berühmte Charta 77, das Manifest für Bürger- und Menschenrechte, wurde im tschechischen Landesteil von rund 1200, im slowakischen von genau nur drei Bürgern unterzeichnet. So nährten die letzten zwanzig Jahre des zentralistischen KP-Regimes ungeahnt den Keim der Trennung.

Die Tschechoslowakei hatte im Grunde ein tschechisches Bewußtsein, das die Tschechen für tschechoslowakisch hielten, das aber den Slowaken stets ein Gefühl der Zurücksetzung vermittelte. So, als bedürfte es eines letzten Beweises, feiert die Tschechische Republik noch heute den Gründungstag der versunkenen Tschechoslowakei von 1918 als ihren Nationalfeiertag und hat abmachungswidrig die alte Flagge beibehalten. Beide Völker hatten im 19. Jahrhundert ihre große Zeit der kulturellen und nationalen Erweckung. In der Slowakei fand dies jedoch auf sehr schmaler Basis statt, behindert außerdem durch die drakonischen Magyarisierungsprogramme Ungarns.

Neben den vielen politischen und wirtschaftlichen Erwägungen, die zur Teilung führten, war wohl letztlich ausschlaggebend, daß die Slowakei nach dem demokratischen Umsturz überhaupt erst in ganzer Breite in einen nationalen Bewußtwerdungsprozeß eingetreten ist, den andere Völker schon Generationen vorher abgeschlossen hatten. So gesehen ist die Slowakei ein Spätankömmling in der europäischen Nationengeschichte, dem es lebensnotwendig erscheint, seine ureigene nationale Erfahrung zu machen. Ihr dies heute verwehren zu wollen, wäre mehr als töricht und nicht ungefährlich gewesen. So war die friedfertige Auflösung der Tschechoslowakei wohl historisch unvermeidlich und zugleich historisch einmalig: Es floß kein Blut dabei und nur wenige Tränen.

Fortsetzung Seite 39

Die Dreifaltigkeitskirche von Schloß Ostánkino bei Moskau stand Pate für die orthodoxe Peter-und-Paul-Kirche in Karlovy Vary (Karlsbad). Seit der Badeort im 18. Jahrhundert Treffpunkt der Prominenz wurde, stellte der russische Adel einen bedeutenden Teil der Kurgäste. Eine Gedenktafel in der Kirche erinnert an den Zaren Peter den Großen, der 1711 und 1712 hier zu Besuch war und mit dem Philosophen Leibniz über die Förderung der Künste und Wissenschaften im Russischen Reich diskutierte.

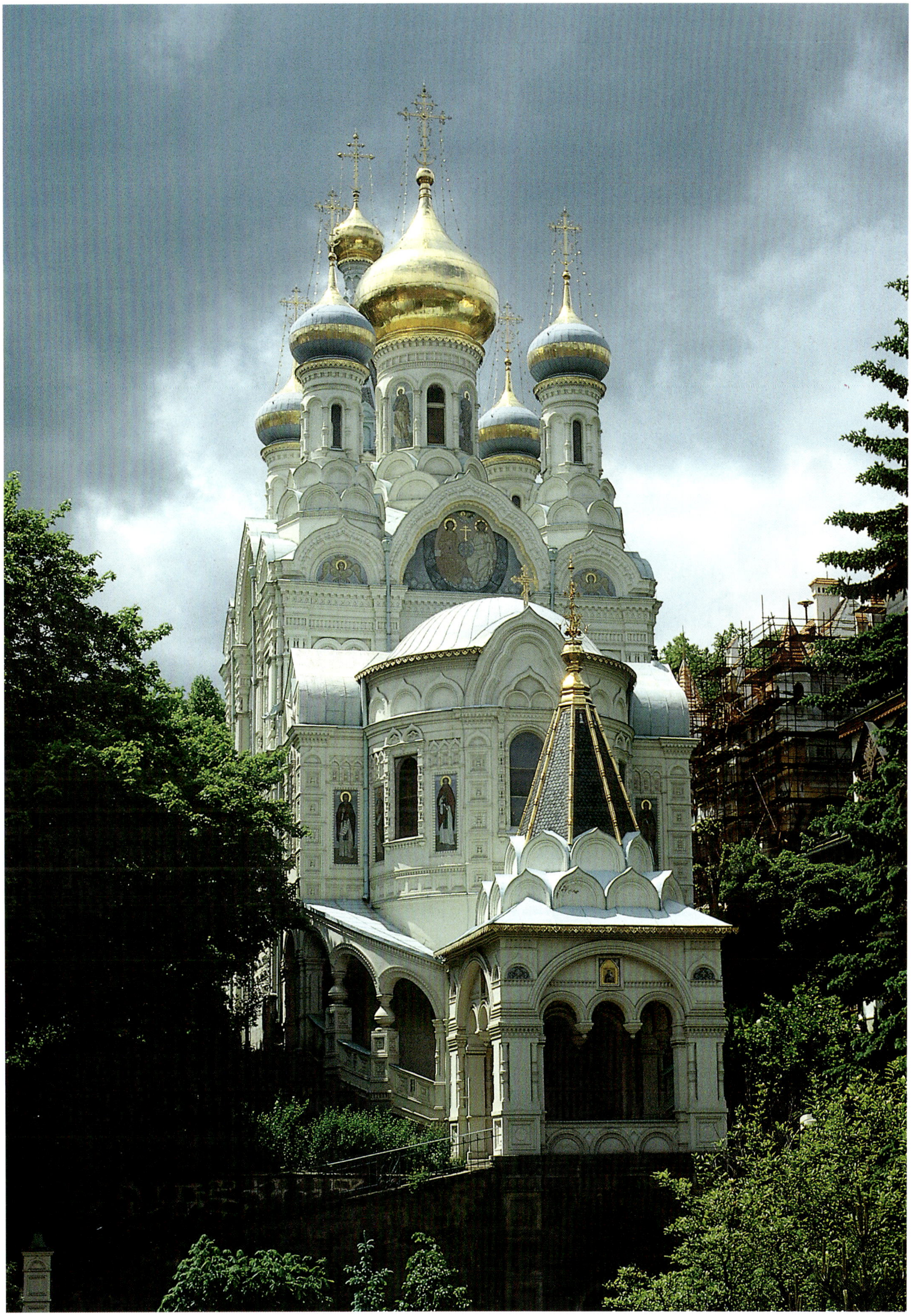

Nächste Doppelseite: Bunt wie der Regenbogen über der Imperial-Höhe war die Gesellschaft, die sich in der großen Bäderzeit alljährlich in Karlovy Vary (Karlsbad) einfand. Der Kurbezirk erstreckt sich im Tal der Teplá (Tepl) inmitten bewaldeter Hügel. Während der Adel das «Grandhotel Pupp» im Tal bevorzugte, logierte oben im «Sanatorium Imperial» die internationale Hochfinanz. Das prächtige Haus auf dem Gipfel des Hügels ist heute bequem mit zwei Seilbahnen zu erreichen.

MUZEUM

In der Nähe der Kolonnade von Mariánské Lázně (Marienbad) befinden sich die Anlagen des Goetheplatzes. Der Platz um das Goethedenkmal ist gesäumt von großen repräsentativen Bauten aus der Zeit um die Jahrhundertwende.

Zu den berühmtesten Besuchern von Mariánské Lázně (Marienbad) zählte Anfang des 19. Jahrhunderts der Dichter Johann Wolfgang von Goethe. Seine späte Liebe zu der erst 19jährigen Ulrike von Levetzow, der er hier als Kurgast begegnete, bedichtete der 74jährige in der «Marienbader Elegie». An das Haus «Zur Traube», in dem er 1824 logierte, schließen sich heute bis hinab zum Rudolfsbrunnen klassizistische Hotelpaläste an.

Die Heilkraft des Egerer Säuerlings war schon im 16. Jahrhundert bekannt. Das von Grünanlagen umgebene Františkovy Lázně (Franzensbad) wurde 1807 nach dem österreichischen Kaiser Franz I. benannt. Die Národní třída (Nationalstraße) ist der große Boulevard der Bäderstadt. An prächtigen Fassaden entlang flaniert man hier von den Kolonnaden zum Kurpark.

Nächste Doppelseite: Ein zugereister Zuckerbäcker namens Johann Georg Pupp gewann 1775 eine reiche Braut und kaufte mit deren Mitgift ein paar Häuser auf, aus denen er das führende Hotel Karlovy Varys (Karlsbad) machte. Für den Adel Europas war das Hotel «Pupp» das erste Haus, wenn man hier zur Kur weilte. Im großen Speisesaal wird die k.u.k. Atmosphäre wieder lebendig.

12-II-1991

Zu einer richtigen Badereise gehören nicht nur Trinkkuren und Moorpackungen, sondern auch kulturelle Zerstreuungen. Im weißen Musikpavillon von Františkovy Lázně (Franzensbad) finden fast täglich Konzerte statt. Die filigrane Holzkonstruktion ist von einem weitläufigen Kurpark umgeben.

Einen Mittelpunkt des Kurlebens in Františkovy Lázně (Franzensbad) bildet der Náměstí míru (Friedensplatz). Die Kolonnaden am sogenannten «Gasbadehaus» mit den Sphingen wurden kurz vor dem Ersten Weltkrieg errichtet. Ein kühles Eis an einem heißen Tag bietet da einen angenehmen Kontrast zum trockenen Kohlendioxyd im nahen «Gasbad».

Könnte man das noch tragen oder ist es doch zu gewagt? Kritisch begutachtet ein gespanntes Publikum die neuesten Kreationen. In der Mühlbrunnkolonnade von Karlovy Vary (Karlsbad) finden oft Modenschauen, Konzerte und andere gesellschaftliche Veranstaltungen statt.

Nächste Doppelseite: Als Mariánské Lázně (Marienbad) 1874 an das Eisenbahnnetz angeschlossen wurde, schossen neue Hotels und Kureinrichtungen wie Pilze aus dem Boden. Die 120 Meter lange Gußeisenkonstruktion der Neuen Kolonnade ist auch ein Zeugnis für die industrielle Entwicklung der damaligen Länder der Böhmischen Krone.

Die Schlösser des böhmischen Adels waren kostbar ausgestattet. Brüsseler Gobelins, kunstvolle Holzböden, Gemälde und Fresken schmücken die Räume des Schwarzenbergischen Schlosses Hluboká (Frauenberg). Der Märchenbau im Stil der Windsor-Gotik bei České Budějovice (Budweis) wurde 1992 den früheren Eigentümern wieder zurückgegeben. Fürst Karl von Schwarzenberg avancierte nach der Samtenen Revolution zum Berater und Kanzler des Präsidenten Václav Havel.

Plzeň (Pilsen) hat mehr zu bieten als seine weltberühmten Brauereien und die Škoda-Werke. Schon 1832 eröffnete das erste Schauspielhaus, heute spielen dort drei große Bühnen, darunter ein Kinder- und Marionettentheater. Büsten berühmter tschechischer Künstler schmücken das Foyer des Großen Theaters, unter anderem die des Schauspielers und Dramatikers Josef Kajetán Tyl (1808–1856), nach dem das Haus benannt wurde.

Kurz bevor sich der Vorhang hinter dem Orchestergraben hebt, herrscht erwartungsvolle Spannung. Vielleicht spielt man an diesem Abend eines der zahlreichen populären Dramen Tyls. Sein Lied «Wo ist meine Heimat?» aus dem heiteren Volksstück «Fidlovačka» wurde zur tschechischen Nationalhymne.

Nächste Doppelseite: Einer der schönsten böhmischen Stadtplätze ist der von České Budějovice (Budweis). Der «Ring» ist nach dem Stadtgründer Přemysl Otakar II. benannt. Vom «Schwarzen Turm» des St.-Nikolaus-Doms hat man einen herrlichen Rundblick über die Stadt. Für den anstrengenden Aufstieg entschädigt nachher ein Glas des berühmten Budweiser Biers.

Die Häuser an der Marienkirche im südböhmischen Písek strahlen golden nicht nur im Abendlicht. Die Stadt verdankt ihren Namen dem goldhaltigen Sand (tschechisch «písek») der Otava, einem Nebenfluß der Moldau. Im Lauf der Jahrhunderte wurde der Ort immer wieder vom Goldfieber heimgesucht. Heute sind beim Goldwaschen wohl kaum mehr große Reichtümer zu holen, obwohl es zur beliebten Freizeitbeschäftigung für viele geworden ist.

Die Altstadt von Český Krumlov (Krumau) wurde von der UNESCO in die Liste der erhaltenswerten europäischen Baudenkmäler aufgenommen. Die St.-Veits-Kirche, die Prälatur und das ehemalige Jesuitenkolleg erheben sich dicht am Ufer der Moldau, die in einer engen Doppelschleife das verträumte Städtchen umfließt.

König Wenzel II. gründete Plzěn (Pilsen) am Schnittpunkt der Handelsstraßen von Regensburg, Nürnberg und Leipzig nach Prag. Mittelpunkt der Altstadt ist der Platz der Republik, der wie so viele böhmische Plätze von schönen Barock- und Renaissancehäusern eingefaßt ist.

Nächste Doppelseite: Kutsche gefällig? Charakteristisch für den langgestreckten Marktplatz von Cheb (Eger) sind die erkergeschmückten Fachwerkhäuser. Im Hintergrund die gotische Kirche Sankt Nikolaus.

KAVÁRNA ŠPALÍČEK

MUZEUM

Das Schloß von Český Krumlov (Krumau) ist mit vier Höfen und etwa 300 Räumen die zweitgrößte Burganlage in Böhmen. Das Theater im Rokokostil enthält noch Bühnentechnik, Requisiten und Kostüme aus dem 18. Jahrhundert. Eine Freilichtbühne im Schloßpark ist Schauplatz jährlicher Festspiele.

«České» heißt «tschechisch» und «böhmisch»

Michael Frank

Böhmische Dörfer! Wer das Land bereist, wird bald wissen, warum sich die Wendung «böhmische Dörfer» als Sinnbild des Unbegreiflichen und Unauffindbaren im deutschen Sprachgebrauch eingenistet hat. Im weit gewellten Land des böhmischen Beckens und der fruchtbaren Ebenen Mährens kuscheln sich die Dörfer derart in die Kuhlen, daß der heutige Autofahrer Stunden, aber auch die Söldnerhaufen früherer Kriege Tage und Wochen durchs Land ziehen konnten, ohne die vielen Ansiedlungen am Weg auch nur zu erahnen geschweige denn zu sehen. Man suchte in den Mulden die Nähe des Grundwassers, mehr noch aber Schutz vor Feinden und dem oft eisigen Ostwind.

Eingebettet im Herzen des Kontinents

Daß Böhmen und Mähren beinahe tausend Jahre trotz der Verwobenheit verschiedener Völkerschaften ihre Gestalt kaum verändert haben, liegt an dem scharf gezogenen Ring natürlicher Grenzen: Altvater-, Adler- und Riesengebirge (die «Sudeten»), dann Erz- und Elstergebirge, Oberpfälzer-, Bayerischer und Böhmerwald, im Osten die Weißen Beskiden, allesamt ziemlich unzugängliche Waldgebirge. Die offene Südflanke schützen die Flüsse Thaya und Morava. Von letzterer hat Mähren seinen Namen.

So wie es im Herzen des Kontinents liegt, mutet das Land wie eine rautenförmige mitteleuropäische Festung an. Auch wenn deren Gestalt über die Jahrhunderte unversehrt blieb, konnten die natürlichen Grenzen nicht verhindern, daß die Stürme der Geschichte besonders rauh über Böhmen und Mähren hinwegbrausten. Ohne je Schmelztiegel gewesen zu sein, war das Land doch ein Mehrvölkerraum, der bis in dieses Jahrhundert psychologisch intakt geblieben war, eine Kulturengemeinschaft, die erst der Nationalismus des 19. und 20. Jahrhunderts zu einer Problemgemeinschaft werden ließ.

Daß sich in diesem Zusammenleben, der Verwobenheit der Siedlungsräume von Tschechen, Deutschen und Juden, zu denen noch einige Slowaken und Polen kamen, dennoch sehr differenzierte Charaktere erhielten oder herausbildeten, mag ein Sprachkuriosum belegen, das heute noch manchmal zu Mißverständnissen führen kann: Für Tschechen ist «tschechisch» und «böhmisch» dasselbe, «Čechy» bezeichnet Böhmen im speziellen, aber auch die böhmischen Länder insgesamt, also Mähren einbegriffen.

Wenn ein Ausländer, allzumal ein Deutscher, von Böhmen spricht, dann meint er den westlichen größeren Landesteil, nicht aber Mähren, während für Tschechen alles erst einmal eines ist, und die Mährer sich mühen, unter diesem Sprachdach noch eine besondere Identität zu wahren. Heute erinnert man sich noch einer dritten Identität, der von Mährisch-Schlesien, die aber eher eine Kunstfigur darstellt: Der Alte Fritz hatte den Österreichern zwar das cissudetische Schlesien abgenommen, aber nicht dessen transsudetischen Teil von Šumperk (Mährisch-Schönberg) bis Ostrava (Mährisch-Ostrau); mit der Vertreibung der Deutschen nach dem Zweiten Weltkrieg verschwand jedoch auch das, was die eigentlich schlesische Wesenheit betraf.

Daß das Tschechische hier nicht vorderhand unterscheidet, hat auch mit einem ganzheitlichen Selbstbewußtsein zu tun. Ansonsten ist diese Sprache die differenzierteste und formenreichste der slawischen Lautfamilie, und deshalb auch die am schwersten zu erler-

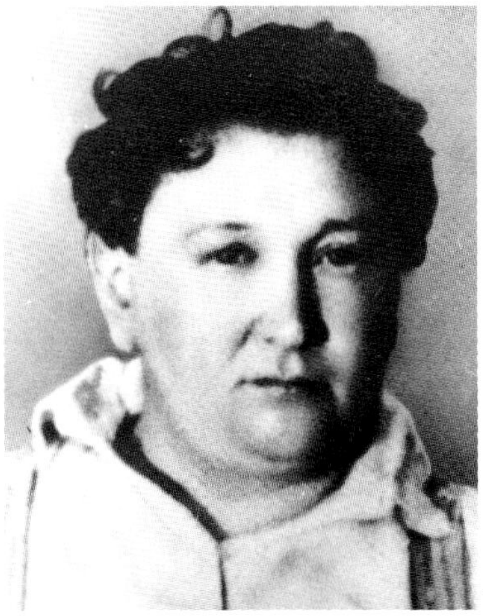
1

3

2

4

5

nende. Die – übertrieben gesagt – grundsätzliche Unerlernbarkeit des Tschechischen für Fremde bildet gerade heute eine wesentliche Säule des tschechischen Selbstwertgefühls, zumal die Tschechen selbst äußerst sprachgewandt sind. Schon zu Zeiten des russisch dominierten Sowjetimperiums war es Tschechen eine tiefe Genugtuung, daß sie bei einiger Anstrengung der russischen Sprache in Ansätzen folgen können, ohne sie erlernt zu haben, Russen aber umgekehrt in Prag oder Brünn grundsätzlich nichts verstehen.

Das multikulturelle Prag war auch immer eine Stadt der Schriftsteller. Hier einige der bedeutendsten:

1 *Jaroslav Hašek (1883–1923).*

2 *Karel Čapek (1890–1938).*

3 *Jan Neruda (1834–1871).*

4 *Jaroslav Seifert (1901–1986).*

5 *Franz Kafka (1883–1924).*

Nichts ist so, wie es gemeint sein könnte

Selten sind egalitäre Gefühle und Privatheit eine so eigentümliche Ehe eingegangen. Man könnte es eine Art Massen-Individualismus nennen, was als Krönung des Jahreslaufs Tschechen dazu veranlaßt, überhaupt zehn Monate des Jahres einem Broterwerb, einer Profession nachzugehen: Im Sommer warten dann die «chata» oder «chalupa», das was bei Russen eine «Datscha» genannt wird, und das Trampen.

Sommers sind nicht nur große und kleine Städte, sondern auch die Dörfer fast leergefegt von der ansässigen Bevölkerung. Während die Einheimischen sich in ihre Häuschen und die Gärten begeben, überlassen sie die Brennpunkte des Landes dem Touristenstrom. Das Landhäuschen ist gleichsam zur nationalen Ideologie geworden, es ist das Refugium schlechthin, wurzelnd unter anderem in Bestrebungen der Zwischenkriegszeit, auch der städtischen Arbeiterschaft ein gewisses Maß an Licht und Natur zu verschaffen.

Im Kommunismus verdichtete sich dies. Das Häuschen wurde zum letzten und eigentlichen Hort der Privatheit in einer durch und durch geregelten Gesellschaft. Daß die Gartenareale mitten auf dem Lande und an den Seen oftmals wiederum zu kleinen Großstädten herangewachsen sind, berührt ihre Bewohner nur wenig: Selbst Leute, die sich vielleicht im Alltag kaum vertrügen, begegnen sich hier, frei von gesellschaftlichen Zwängen, als wahrhaftige Gesinnungsgenossen von Gleichen unter Gleichen.

Die großen drei Komponisten des 19. Jahrhunderts auf zeitgenössischen Ölportraits. Sie wurden die Begründer eines eigenen tschechischen Musikstils in der Oper und in der sinfonischen Musik:

6 *Antonín Dvořák (1841–1904).*

7 *Leoš Janáček (1854–1928).*

8 *Bedřich Smetana (1824–1884).*

9 *Der Regisseur Karel Zeman, hier im Gespräch mit seinem Sohn Karlík, gehört zu den bedeutendsten Vertretern des tschechischen Trickfilms.*

Die Tschechische Republik hat viel Raum. So ist auch genug Platz für diesen sommerlichen Individualismus, der seinen Höhepunkt in der Massenbewegung des Trampens hat. «Tramper» sind hierzulande Leute, die sich mit Buschanzug und Rucksack für Tage oder Wochen auf die Wege der Natur und der Einsamkeit begeben. Sie stecken ihre Kinder in Kampfanzüge in den Farben des Herbstlaubes und durchstreifen mit Zelt, Proviant und allem Lebenswichtigen die Waldgebirge; es gibt auch besondere Hütten und Waldkneipen für diese Spezies.

Und sie hören Country-music, spielen sie selbst auf Festivals, bei denen aufzutauchen für profane Geister oder gar Ausländer nicht ratsam ist. Sie schlagen sich manchmal ins nachtblaue oder graue Tuch des amerikanischen Sezessionskriegs, schießen aus Vorderladern in die Luft und lassen Marketenderinnen Bohnensuppe kochen. Sie zelebrieren auf diese Weise die tiefste Sympathie einer echten Tschechenseele, nämlich die für Amerika, und dort speziell für die Vereinigten Staaten und den wilden, weiten Westen, wo ihre zweite innere Heimat liegt.

Die Vorliebe für die USA hat ihre geschichtliche Logik: In Pittsburgh war es, wo der Staatsgründer Tomáš G. Masaryk mit den Slowaken den entscheidenden Vertrag über den gemeinsamen Staat unterzeichnet hat. Es war die Wilsonsche Doktrin von der Selbstbestimmung der Völker – nach diesem amerikanischen Präsidenten war auch der Prager Hauptbahnhof benannt, ein sehenswerter Jugendstil-Bau aus der Zeit um die Jahrhundertwende – die Masaryk und seinen Gesinnungsgenossen als Begründung diente, aus der Donaumonarchie auszuscheiden und die Tschechoslowakei zu errichten. So war der neue Staat psychologisch gleichsam eine «amerikanische» Republik.

In dieser Sehnsucht nach Ferne und Weite befällt Tschechen manchmal der Verdruß über das Eingekerkertsein auf ihrem Kontinent. War es nicht William Shakespeare, der mehr als andere tiefes Verständnis für tschechische Seelen bewies, als er in seinem Drama «Ein Wintermärchen» Böhmen kurzerhand ans Meer verlegte?

DIE BÖHMISCHEN WELTBÄDER

Amüsantes, Denkwürdiges und Wissenswertes aus der großen Zeit der Badeorte

In den damals noch fast unzugänglichen Wäldern Westböhmens entstanden seit dem 18. Jahrhundert glanzvolle Badeorte mit prächtigen Bauten und weiten Parklandschaften. Hier bewegten sich gekrönte Häupter, Hochadel und Bürgertum frei von gesellschaftlichen Zwängen.

Zahlreiche Legenden ranken sich um die Entdeckung der westböhmischen Bäder (siehe Karte Seite 124): Die heißen Quellen Karlovy Vary (Karlsbad) soll Kaiser Karl IV. auf der Hirschjagd entdeckt haben. Zu den Quellen von Teplice (Teplitz) soll einen armen Bauernhirten in karolingischer Zeit seine Schweineherde geführt haben.

Tatsächlich waren die meisten dieser Quellen und ihre heiltätige Wirkung schon früh bekannt und wurden über Jahrhunderte genutzt, obwohl sie zunächst noch tief in «wilden und abscheulichen» Wäldern lagen, wo «einzig wilde Thiere, Holzfrevler, Raubschützen und Räuber zu hausen schienen». Allenfalls primitive Holzhütten standen damals für die wenigen Kurgäste bereit, die die Gefahren und Strapazen auf sich nahmen, um hier Linderung ihrer Leiden zu suchen.

Komfortabler wurde es, um 1600, erstmals in Teplitz. Hier gab es nun ein «großes Herrenbad», ein «Bad der gemeinen Bürger- und Bauernweiber», ein «fürnehmes Bürgerweiberbad», ein «Herzogin- oder Frauenzimmerbad» und ein «gemeines Männerbad»; außerdem sogar ein «Rossebad».

Doch die große Zeit der böhmischen «Weltbäder» brach erst um die Wende zum vergangenen Jahrhundert an. Mehrere Faktoren spielten dabei eine Rolle, und es läßt sich kaum entscheiden, welcher den Ausschlag gegeben hat. Die Heilwirkung der verschiedenen Quellen war zu dieser Zeit bereits auch durch chemische Analysen genau bestimmbar, und die Kuren konnten nun den jeweiligen Krankheitsbildern individuell angepaßt werden.

Auch wenn es meist Ärzte waren, die den Ausbau der Bäder vorantrieben, ausschlaggebend waren zunächst finanzielle Gründe. In Františkovy Lázně (Franzensbad), das damals noch zum Stadtgebiet von Cheb (Eger) gehörte, waren die Quellen bis ins 18. Jahrhundert frei zugänglich. Für die Frauen der Stadt bildete bis dahin der gewohnheitsrechtlich ausgeübte Verkauf des Heilwassers ein willkommenes Zubrot. Auch die Stadtväter hatten schon seit dem 17. Jahrhundert mit dem in Flaschen abgefüllten «Säuerling» Handel getrieben.

1

1791 ließ der Stadtphysikus Dr. Bernhard Adler die Quelle fassen und überdachen. Die freie Nutzung der Quellen wurde nun untersagt. Die Weiber revoltierten gegen das neue Monopol und schlugen Adlers Einrichtungen kurz und klein, doch der Arzt setzte seine Sache durch. Er erwirkte von Kaiser Leopold II. das Privileg zur Gründung eines Bades, das mit einem neuen Pavillon, einer Wandelbahn, den ersten Häusern, den Kurparks und einer großen Abfüllanlage auf dem Hauptplatz schon zwei Jahre später feierlich eröffnet werden konnte.

Ähnlich war die Entwicklung in Mariánské Lázně (Marienbad): Hier beauftragte der Abt des Klosters Teplá (Tepl) als Grundherr den Stiftsarzt Josef Nehr, die Quellen für eine geordnete und ent-

2

3

4

1 *Hoch und Niedrig begegneten sich einst an der Mühlbrunnkolonnade in Karlovy Vary (Karlsbad). Holzstich um 1900.*

2 *Dichtes Gedränge um die Jahrhundertwende beim Kurkonzert auf der Kreuzbrunnenkolonnade in Mariánské Lázně (Marienbad).*

3 *Romantische Promenade am Carolinenbrunnen in Marienbad um 1850.*

4 *Der Kreuzbrunnen in Marienbad steht unter einer 1818 erbauten säulengetragenen Rotunde. Lithographie um 1850.*

5 *Der «Sprudel», hier auf einer Lithographie um 1840, ist die älteste und heißeste Heilquelle im Karlsbader Kurbezirk.*

sprechend einträgliche Nutzung einzurichten. An beiden Orten entstanden nun unter Aufsicht der kaiserlichen Baubehörden gleichsam modellhafte Stadtanlagen, zuerst im strengen Gewand des Klassizismus, später im neuen Geist der Romantik. Die Gründungen boten Gelegenheit, künstlich «ideale» Welten jenseits der ungebändigten Natur neu zu erschaffen.

Der Landschaftsgärtner Wenzel Skalnik, der den Ausbau Marienbads leitete, erregte die Bewunderung Goethes: «[...] er fragt nicht, wie das Terrain aussieht, sondern wie es aussehen sollte; abtragen und ausfüllen rührt ihn nicht. Mir war es [...], als wäre ich in den amerikanischen Einsamkeiten, wo man Wälder aushaut, um in drei Jahren eine Stadt zu bauen.»

In Franzensbad wiederum entstand eine regelmäßige Bürgerstadt nach den Idealen des aufgeklärten Absolutismus Kaiser Josephs II. Ein Hauch des Unwirklichen umwehte auch die Gesellschaft, die sich alljährlich in den Bädern versammelte. Hier, in der Sommerfrische, trafen sich nicht nur die Mitglieder der europäischen Herrscherhäuser und des Hochadels, sondern von Anfang an prägte die Kurorte eine Mischung aller gesellschaftlichen Stände, wie sie im damaligen Alltagsleben unvorstellbar war. Heilungsuchende aus Armenspitälern und biedere Bürger begegneten hier Königen, Fürsten oder allseits verehrten Geistesgrößen wie Goethe und Beethoven, denn der Kuralltag verlief für alle gleich.

Im Morgengrauen traf man sich – noch im Nachthemd oder Negligé – an den Brunnen, um die Trinkkur zu absolvieren. Nach dem Frühstück folgten ausgedehnte Spaziergänge, um dem Heilwasser zur Wirkung zu verhelfen, oder die vormittägliche Badekur; der Nachmittag schließlich war dann mit kulturellen Genüssen ausgefüllt.

Für Herrscher und Adel bedeutete der Aufenthalt im Heilbad eine willkommene Erholung von der Hofetikette – König Friedrich Wilhelm III. von Preußen pflegte in Teplitz sogar inkognito anzureisen. Die zwanglose Atmosphäre erleichterte auch die Formen der internationalen Diplomatie. Die Monarchen von Österreich, Preußen und Rußland schlossen 1813 die Heilige Allianz gegen Napoleon auf dem quasi «neutralen» Boden von Teplitz. Wohl nicht zufällig konnte Fürst Metternich auch die Karlsbader Beschlüsse der europäischen Monarchen gegen demokratische und «demagogische Umtriebe» im Jahr 1819 im böhmischen Badeort durchsetzen.

Umgekehrt konnte sich das bürgerliche Publikum einen Sommer lang wie bei Hofe fühlen, ja selbst gleichsam hofhalten. Schon die Ankunft illustrer Gäste mit «großem Hofstaat» war ein staunenswertes Ereignis, da ein Großteil des Hausstandes mitgeführt wurde.

In Karlsbad wurden solche repräsentativen Ankünfte stets von Trompetenfanfaren begleitet. Eine Bäderreise war auch immer eine Gelegenheit zur Selbstdarstellung, und man genoß wie auf einer Bühne den Prickel extravaganter Erlebnisse: Die Wiener Bankiersgattin Rosalie von Geymüller suchte in Marienbad nicht nur Linderung ihrer Verdauungsbeschwerden, sondern auch ein angemessenes Publikum, um ihre «hundertfünfzig Kleider» und «dreißig Negligés» in Gesellschaft von «Männern, und zwar [...] jungen Männern» vorzuführen.

Goethe unterwarf sich als schon älterer Herr zwar gehorsam den Anweisungen seiner Kurärzte, schätzte aber nicht minder Erlebnisse wie dieses: «Eine schöne Polin zog mich damals gewaltig an [...] ich entdeckte sie und ihren vorzüglichen Wert gar bald und suchte sie wie eine Kastanie aus der Asche hervor [...].» Auch Fürst Blücher, so «elend, sehr elend» er bei der Badekur auf Genesung hoffte, ließ dennoch keinen der vielen Bälle aus.

Je zahlreicher die Gäste wurden, desto höher stiegen die Ansprüche des nunmehr vorwiegend bürgerlichen Publikums an Luxus und Prunk. Um die Jahrhundertwende hatten alle Kurorte ihre «Kaiserbäder», die Hotels waren Palästen ähnlich und die Kurparks standen den Schloßgärten nicht nach. Heute knüpft man an die Tradition dieses besonderen Flairs der Badeorte wieder an und versucht, dieses außergewöhnliche Daseinsgefühl aufs neue zum Leben zu erwecken.

Michaela Marek

Seit dem demokratischen Umsturz in Europa ist sich die Tschechische Republik einer Sonderrolle bewußt, als Spitzenreiter aller Reformprozesse und des wirtschaftlichen Wandels. Sie beansprucht allein und sui generis Beachtung und möchte bei der Integration in europäische Sicherheits- oder Wirtschaftsstrukturen ausdrücklich nicht auf die einst sozialistischen Brüder warten oder Rücksicht nehmen, nicht immer zur reinen Freude der ehemaligen sozialistischen Bruderländer.

Jiří Dienstbier (geb. 1937), der souveräne, mit trockenem Witz gesegnete Außenminister nach der Wende, kommentierte dies einmal mit dem Aphorismus: «Die Polen mögen wir Tschechen, das weiß man, traditionell nicht; die Slowaken haben wir leichthin ziehen lassen; mit den Österreichern zerstreiten wir uns über die Atomkraft, mit den Deutschen über die sudetendeutsche Frage; wo Frankreich und Paris liegen, wissen wir nicht so genau; die Britische Insel ist leider schon besetzt; die einzigen, die wir wirklich lieben, sind die Leute vom anderen Ende der Welt, die Amerikaner.»

Unter Prager Diplomaten geht das Wort um, tschechische Politik sei ungewöhnlich im Einklang mit den Gefühlen des Volkes: Die Tschechen nämlich brauchten niemanden auf der Welt, aber alle anderen die Tschechen. Daß jemand wie Dienstbier so gut verstanden wird, obwohl sein Bonmot nicht gerade eine Höflichkeit gegenüber seinen eigenen Landsleuten ist, liegt am selben Phänomen, aus dem heraus Václav Havel, der bewunderte Nachwendepräsident, so lange Staatsoberhaupt sein konnte, ohne mit seiner Politik vollständig in Isolation zu geraten.

Tschechen verstehen sich prächtig auf eine ideale Mischung aus Tratsch und Hochgestochenheit. Man könnte es so umschreiben: In jedem tschechischen Stammtischbruder wohnt auch ein kleiner Intellektueller und in jedem tschechischen Intellektuellen ein großer Stammtischbruder. So ist mancher Diskurs über was auch immer mit einer bestimmten Sorte intelligenten Witzes gespickt, und andererseits wird nichts je so tierisch ernst diskutiert, wie es sogar gemeint sein könnte.

1 *Edvard Beneš (1884–1948), Außenminister und seit 1935 Ministerpräsident der Ersten Tschechoslowakischen Republik, während seiner Rundfunkrede an die tschechische Nation am 10. September 1938.*

2 *Verzweiflung und ohnmächtige Wut in den Straßen Prags am 21. August 1968. Panzer des Warschauer Pakts machten dem Prager Frühling ein Ende. Alexander Dubček und Ludvík Svoboda hießen die Hoffnungsträger der kleinen Leute. Ihre Fotos wurden den Besatzern wie Ikonen entgegengestreckt.*

3

4

5

3 *Viele Jahre hatten tschechische Politiker auf diesen Augenblick hingearbeitet: Gruppenfoto nach Unterzeichnung der Unabhängigkeitserklärung in Philadelphia am 26. Oktober 1918. Bildmitte: Tomáš G. Masaryk (1850–1935).*

4 *Alexander Dubček (1921–1992). Der Erste Parteisekretär in der Zeit des Prager Frühlings wurde 1970 aus der KP ausgeschlossen.*

5 *Der Dramatiker und Dissident Václav Havel wurde 1989 erster Präsident der demokratischen Tschechoslowakei.*

In der Republik haben sich die schönsten Städte des europäischen Kontinents fast unversehrt erhalten. Dem Besucher mögen Prag und Olomouc (Olmütz), Český (Teltsch) Krumlov (Krumau) und Telč (Teltsch), Mariánské Lázně (Marienbad), Klatovy (Klattau), Hradec Králové (Königgrätz), Opava (Troppau) und viele andere Örtlichkeiten eine Ahnung davon geben, wie deutsche Städte vor dem Zweiten Weltkrieg ausgesehen haben mögen. In diesem Land nistet auch eine besondere Vorliebe für die sinnlichen Dinge, vornehmlich die kulinarischen. Prager Schinken, mährische Leberwürste, der südmährische Wein und das Bier, ja das Bier!, repräsentieren eine Sinnenfreude, die sogar den seelischen, architektonischen und gesellschaftlichen Verwüstungen der totalitären Zeit im Kommunismus trotzte und unbeschadet aller Anfechtungen überlebte.

Selbst damals hatten es die Tschechen verstanden, sich eine hochstehende, wenn auch schmalere Wohlstandsgesellschaft aufzubauen, die nicht selten den Neid der realsozialistischen Nachbarn, allen voran aus der DDR, erweckte. Ihre Volkswirtschaft brachte soviel Substanz mit, daß die Führung der ČSSR mehr als in anderen bolschewistischen Staaten auch auf das Konsumniveau ihrer Bevölkerung zu achten vermochte.

Diese Sinnlichkeit hat ihre Entsprechung in einer lebenstüchtigen Art der Bescheidung: Auch wenn die neuen kapitalistischen Zeiten für Protz und Angeberei genug Raum geschaffen haben, die Tschechen haben es stets verstanden, ihre Feststimmung an den gut abgezirkelten Möglichkeiten ihrer konkreten Existenz zu orientieren und nicht an unerreichbaren Wunschvorstellungen.

Die sprichwörtliche Musikalität des Volkes – hier darf man einmal getrost generalisieren – und die weltberühmte böhmische Küche sind dafür zugleich Ausdruck und Ursache. So kam es auch, daß in den Jahren des kapitalistischen Um- und Aufbaus der Grad der Zufriedenheit mit den neuen Verhältnissen in dieser Republik aus konkreten und psychologischen Gründen immer weit höher war als in allen vergleichbaren Ländern des ehemaligen Ostblocks, und man sieht mit gedämpftem Optimismus in die Zukunft.

BÖHMISCHES GLAS

Vom Kirchenfenster zur abstrakten Glasplastik

Seit dem Mittelalter wurde in den böhmischen Wäldern Glas erzeugt. Die Glasmacher griffen im Lauf der Jahrhunderte alle Techniken auf, um sie abzuwandeln und zu verfeinern. Geblasenes, geformtes und geschliffenes Glas aus Böhmen wurde zum Begriff. Die Bandbreite der Glasherstellung reicht heute vom Gebrauchsglas bis zur modernen Atelierkunst.

Wie lange in Böhmen schon Glas produziert wird, läßt sich heute nicht mehr ausmachen, aber schon im 14. Jahrhundert stand hier diese Kunst in einer ersten Hochblüte, wie etwa die prächtigen Fenster in der Bartholomäuskirche zu Kolin bezeugen.
Die meisten der bereits im 16. Jahrhundert zahlreich vorhandenen Glashütten waren in den nordböhmischen Grenzgebirgen und im Böhmerwald angesie-

Zwei kunstvolle Briefbeschwerer aus geschliffenem böhmischem Farbglas, entstanden um 1860.

delt, wo die benötigten Rohstoffe im Überfluß verfügbar waren.
Geblasenes, geformtes und geschliffenes Glas war bald ein begehrter Exportartikel. Der europaweite Handel war nicht nur einträglich, sondern auch innovativ: Die böhmischen Glasmacher griffen jede neue Technik und Mode auf, um sie abzuwandeln und zu perfektionieren.
Anfangs wurde vor allem das farbige venezianische Murano-Glas nachgeahmt, später war es das in England erfundene Bleikristall, dem sich durch kunstvollen Schliff ein wahres Feuerwerk von bunten Lichtreflexen entlocken ließ.
Anfang des 18. Jahrhunderts schmückten dann Kristalleuchter aus der Werkstatt von Josef Palme in Kamenický Šenov (Steinschönau) die Schlösser von Kaiserin Maria Theresia und Ludwig XV. Später verliehen sie der Mailänder Scala oder dem New Yorker Hotel «Waldorf Astoria» Glanz.
Der Aufstieg der böhmischen Glaskunst zu ihrer größten Blüte begann unter Kaiser Rudolf II.: Der leidenschaftliche Mäzen begeisterte sich für die Kunst des Glasschnittes und der ornamentalen Gravur, die der am Hof tätige Gemmenschneider Caspar Lehmann erfunden hatte, um den Glanz des Bergkristalls zu imitieren. In der Barockzeit beherrschte diese Technik in ganz Europa die Mode.
Es war eine besondere Stärke der böhmischen Glaskunst, daß die Veredelung der Rohprodukte von einer Vielzahl kleiner Werkstätten betrieben wurde, deren Meister immer wieder Neues ersannen: die vielfältigsten Techniken der Bemalung und Vergoldung, aber auch zart getöntes Glas und Opalglas, Milchglas, das mit Porzellan konkurrierte, und doppelwandiges Glas mit eingelegten Ornamenten aus Goldfolie, das opake Lithyalinglas, das wie Marmor oder Halbedelstein aussehen konnte, oder das berühmte Rubinglas.

Jagdpokal mit Bärenhatz aus dem Jahr 1582.

Erst unter dem Einfluß des Jugendstils änderten sich zum ersten Mal auch die Formen der Glasgefäße, während die Möglichkeiten der Veredelung ausgeschöpft schienen. Auf der Pariser Weltausstellung von 1900 errang eine böhmische Firma neben Gallé und Tiffany einen der Hauptpreise.
Den Reichtum an Ideen und Knowhow verlor Böhmen mit der Vertreibung der deutschen Bevölkerung, da die meisten Betriebe in den grenznahen Gebieten ansässig waren. Die Uniformierung der Phantasie unter den Gesetzen der Planwirtschaft tat wenig später ein übriges. In den Auslagen der unzähligen Glasgeschäfte an den Touristenpfaden durch Prag entdeckt man nur noch selten ein Stück, das den einst weltweiten Ruhm «böhmischer Glaskunst» erahnen läßt: Vielleicht eine Karaffe aus granatrotem Überfangglas mit geschnittenen Motiven, die die klare Glasschicht durchscheinen lassen, oder

Ein Hinterglasbild, Anfang des 19. Jahrhunderts.

einen zart bemalten Becher aus dunklem opakem Glas mit aufgelegten Goldornamenten.
Abseits der Massenproduktion hat sich jedoch fast unbemerkt eine Renaissance der Glaskunst im Atelier etabliert. Hier entstehen bemerkenswerte Plastiken und Objekte, in denen zugleich alle historischen Verarbeitungstechniken überlebt haben: eine unkonventionelle Kunstform, die es für einen breiteren Publikumskreis noch zu entdecken gilt.
Den Weltruf der böhmischen Glasveredelung hat eben jene Vielfalt der Herstellungs- und Verzierungstechniken begründet, wie sie sonst nirgends auf der Welt anzutreffen ist. *Michaela Marek*

Das schwere Gewicht der Geschichte

Das tschechische Bewußtsein denkt in einem großen historischen Rahmen, agiert mit weiträumigen Gesten, spannt seine Brücken zwischen den großen, guten oder traumatisierenden Ereignissen, zwischen den imposanten Gestalten seiner Geschichte. Die minder dramatischen Zeiträume dazwischen tun wenig zur Sache, die Vorliebe für die großen nationalen Mythen ist aber bis heute ungebrochen.

Sankt Wenzel (um 903–935) und Jan Hus (um 1370–1415) sind unseren Nachbarn so präsent – oder präsenter – wie den Deutschen Konrad Adenauer oder Willy Brandt. Beiden, dem Staatengründer und dem Volkskulturrevolutionär, sind heute staatliche Feiertage gewidmet. Noch mehr als die Leistungen der Gegenwart bedeutet für die tschechische Selbsteinschätzung die zivilisatorische Gründereuphorie der größten der böhmischen Herrscher, Karls IV. (1316–1378) und Rudolfs II. (1552–1612). Zu deren Zeiten war Böhmen unbestreitbar nicht nur das pulsierende Kulturherz Mitteleuropas und das politische Zentrum des Heiligen Römischen Reiches Deutscher Nation. Auf der anderen Seite überschattet bis jetzt ein Ereignis wie der Sieg des Habsburgischen Kaisers von 1620 über die böhmischen Stände dieses Selbstwertgefühl. Man gefällt sich geradezu in der traumatisierenden Wirkung dieses tatsächlich tiefen Einschnitts. Nicht einmal der Präsident der Republik vergißt in aktuellen politischen Erörterungen auf dieses Datum der «größten Enteignungsaktion in der böhmischen Geschichte» hinzuweisen, etwa wenn es um die problematischen Nachwirkungen der Vertreibung der Deutschen geht.

Rechts: Kaiser Karl IV. im blauen Krönungsmantel mit dem Reichsstab, dem Symbol der obersten Gerichtsbarkeit.

Links: Die Kaiserin mit ihrem Gefolge. Miniaturen aus der Goldenen Bulle, entstanden um 1400.

Tschechen halten sich für das zu Unrecht am tiefsten gedemütigte Volk des Kontinents. Die Nationalsozialisten taten daran das Ihrige mit dem Mord an den altehrwürdigen jüdischen Gemeinden, mit «Lidice», mit der Vernichtung ganzer Ortschaften aus Rache für den Mord an Reinhard Heydrich, jenem SS-Schreckensmenschen, der in Prag als Reichsprotektor der Besatzer herrschte.

Noch nachhaltiger aber wirkte jene Schlacht am Weißen Berg, ein tatsächlich einmaliger historischer Einschnitt durch die soziologische Enthauptung eines ganzen Landes und die Besetzung seiner Elite-, Gesellschafts- und Machtpositionen durch fremdländische Lakaien des habsburgischen Kaisers. Daß die Wiener Kaiser jahrhundertelang die böhmische Krone – ganz im Gegensatz zur ungarischen – nicht mehr von den böhmischen Ständen annehmen mochten, wurde als weitere Demütigung empfunden.

Im 19. Jahrhundert wurden die Grundlagen für den tschechischen Nationalismus und für die Zerschlagung der Donaumonarchie im Jahr 1918 gelegt, obwohl František Palacký (1798–1876), Vordenker und Protagonist der nationalkulturellen Bewußtwerdung, keineswegs als Separationsapostel auftrat, sondern zunächst mit der nationalen Gleichberechtigung Böhmens auch die Zusammengehörigkeit mit Österreich propagierte.

Der NS-Terror, die Okkupation durch Nazideutschland in den Jahren 1938/39 und die von 1968 durch die sowjetischen «Bruderländer» hat dieses Gefühl des Verfolgtseins vertieft und zu einem historischen Leitmotiv gemacht, hinter dem Aspekte der eigenen Schuld, etwa im Zusammenhang mit der Vertreibung der deutschen Volksgruppe, so sehr verblassen, daß sie heute nicht einmal mehr als problematisch erkannt werden.

Der sprichwörtliche Ingenieurgeist, die Rührigkeit der Gewerbe, die immense Anstelligkeit in technischen Dingen, die im Facharbeiter- und Handwerkerstolz überdauerten, haben Böhmen und Mährer freilich so motiviert, daß ihr Land nicht von ungefähr zum weit voransegelnden Flaggschiff aller postkommunistischen Reformländer wurde.

Ein Königreich des Uneigentlichen

Nicht selten gibt es innerhalb einer Nation beträchtliche Ungleichgewichte. In der Republik dieser Tage könnte man jedoch den Ausruf wagen: Was wäre die tschechische Literatur ohne die Mährer! Bemerkenswert, wie dieser Landstrich, der sich durch besondere Sinnenfreude auszeichnet, auch die Werke seiner Schriftsteller überdimensional prägt: Genannt sei hier stellvertretend für viele Bohumil Hrabal (geb. 1914), eine Erzählgroßmacht europäischen Ausmaßes, ein Meister der literarischen Jeremiade, ein sprachgewaltiger Schilderer tschechischen Empfindens, der in einer besonderen Melodie das Jetztgefühl der letzten Jahrzehnte illustrierte und illuminierte.

Hrabal mag für das stehen, was man den Geist des «Braven Soldaten Schwejk» nennen könnte, jener Inkarnation tschechischen Überlebenswillens, wie sie Jaroslav Hašek (1883–1923) in unvergleichlicher Weise skizzierte. Ein Geist, der nur scheinbar ironisch Überanpassung als Überlebensprinzip darstellt, doppelbödige List und vorauseilendes Buckeln als subtile Methode des Widerstandes und als warmherzigen Ausdruck der tiefen Verachtung der bloßen Macht.

Hrabal jedenfalls war einer der wenigen, die, wenn auch nicht ganz unbehelligt, auch unter der kommunistischen Spießerdiktatur publizieren konnten, freilich immer unter dem scharfen Auge der Zensur. Er hat, wie er später gestand, meist zwei Fassungen geschrieben, eine für die Freunde und eine für den Zensor, die jener zur Veröffentlichung freigab. Hrabal aber, so geht die Legende, habe irgendwann einmal damit begonnen, nicht die zensierte, sondern die Fassung für die Freunde in Druck zu geben. Und so haben die Tschechen offenbar Hrabals Bücher trotz Gedankenpolizei auch unter dem KPČ-Regime unzensiert lesen können.

Die besondere Form ihres Pragmatismus trug im alten Österreich den Tschechen den bis heute unausrottbaren Ruch des Doppel- und Hintersinnes ein: «Trau, schau, wem, nur keinem Böhm'!», skandierte man seinerzeit giftig in Wien, wohl am ehesten aus Neid auf die geistige Beweglichkeit des «Volkes der Köchinnen, Diener und Chauffeure». Um das Konstruktive und den zugleich zweischneidigen Wert dieser gebrochenen Situation zu verdeutlichen, seien noch zwei besonders glaubwürdige Zeugen aufgerufen: Jan Trefulka (geb. 1929), einer der großen mährischen Erzähler, stellte einst die rhetorische Frage, ob den Intellektuellen vor dem Thron der Despoten nicht der gesenkte Blick am besten anstünde, «damit diese nicht in unseren Augen lesen können, was wir wirklich vorhaben».

Und Jiří Hájek (geb. 1913), Außenminister in der Zeit des Prager Frühlings und danach einer der gefürchtetsten Dissidenten, erzählt: Die regelmäßigen Treffen der tschechischen Menschenrechtsbewegung Charta 77 wurden natürlich von der Geheimpolizei observiert. Dauerten sie den Polizisten zu lang, lösten sie die Versammlung als illegale Zusammenrottung einfach auf. Hájek wurde verhaftet, verhört und nächtens wieder heimkutschiert. Denn ohne Amtshandlung hätte man das Treffen nicht auflösen dürfen. Als Hájek nach der Wende starb, meldete sich einer der geheimpolizeilichen Observanten, um für ihn die Grabrede zu halten. Seine Begründung: Er habe den Mann fast zwanzig Jahre lang Tag für Tag überwacht, da gebe es wohl niemanden, der ihn besser kenne. Böhmen, das Königreich des Uneigentlichen.

Fortsetzung Seite 65

Hoch über Prag erhebt sich der Hradschin unter den Türmen des St.-Veits-Doms. Kaiser Karl IV. machte die Goldene Stadt zum Mittelpunkt des Heiligen Römischen Reiches. Im Jahr 1344 legte er den Grundstein für die Kathedrale, den Krönungsort der böhmischen Könige. Im gleichen Jahr wurde Prag zum Erzbistum erhoben. Das Erzbischöfliche Palais im Bildvordergrund erhielt seine Rokokofassade in den Jahren 1764/65.

Nächste Doppelseite: Zu Füßen der Prager Burg liegt die hunderttürmige Stadt am Moldauknie. Die Siedlungen und Städte auf den Hügeln zwischen den Burgen Hradschin und Vyšehrad blieben selbständig, bis Prag 1784 königliche Hauptstadt wurde.

Das Tschechische Nationalmuseum am Wenzelsplatz wurde 1885 bis 1890 errichtet. Die Ehrentreppe führt hinauf zum «Pantheon» großer tschechischer Persönlichkeiten. Sie ist geschmückt mit Büsten bedeutender böhmischer Herrscher aus der Werkstatt des Münchner Bildhauers Ludwig Schwanthaler. Hier finden regelmäßig Konzerte mit klassischer Musik statt.

Der Jugendstil der «Prager Schule» entwickelte um die Jahrhundertwende eine eigenständige Formensprache. Ein architektonisches Glanzstück ist das Hotel «Evropa» am Wenzelsplatz, erbaut von den Architekten Friedrich Bendelmayer und Alois Dryák in den Jahren 1903 bis 1906.

Links: Unter den Säulen im Speisesaal des «Evropa« tafelt man zwischen geschmackvollen Jugendstildekors.

Rechts: Das Café des «Evropa» hatte schon immer einen besonderen Ruf: «Sehen und gesehen werden» bei Kaffee und Strudel ist hier das Motto!

Nächste Doppelseite: Zu jeder vollen Stunde versammelt sich unter der astronomischen Uhr des Alten Rathauses am Altstädter Ring eine dichtgedrängte Menge. Dann erscheinen über den Zifferblättern die Figuren von Christus und den Zwölf Aposteln.

INTER-KONTAKT-GRAFIK 95

Für die Kinder der Burgvorstadt ist eine Pferdekutsche die große Attraktion. Die kleine «Loretánská» (Loretostraße) führt vom Prager Loretoheiligtum hinauf zum Hradschin und zum St.-Veits-Dom. Im Bild die Türme. Die Wallfahrtskirche ist eine Nachbildung einer Kapelle im Wallfahrtsort Loreto bei Ancona und das Zentrum der Marienverehrung Böhmens.

Straßenmusik im Goldenen Gäßchen lohnt sich allemal. Denn hierher zieht es Besucher zuhauf. Legenden und Histörchen ranken sich um die 16 winzigen Häuschen an der Prager Burg. Die Alchimisten Kaiser Rudolfs II. sollen – aber nur der Sage nach – hier gewohnt haben. Im Haus Nr. 22 schrieb Franz Kafka im Winter 1916/17 einige seiner Kurzgeschichten, die in die Weltliteratur eingegangen sind.

Der Platz vor der St.-Georgs-Basilika war im Hochmittelalter das Zentrum der Prager Burg. In der Kirche sind die Gebeine der heiligen Ludmila, der Schutzpatronin Böhmens, und der Könige Vratislav I. und Boleslav II. bestattet. Ein Paar in festlicher böhmischer Tracht ist selbst im folklorebewußten Tschechien kein alltäglicher Anblick auf dem Hradschin.

Nächste Doppelseite: «Eine Helle, die gleichwohl das gotische Halbdunkel nicht ausschließt.» Der hohe, feierliche Chor des St.-Veits-Doms, eine Schöpfung des Dombaumeisters Peter Parler, inspirierte schon den Dichter August von Platen (1796–1835).

Die Ufer-Boulevards entlang der Moldau sind das Prunkstück der Prager Neustadt. Das Südende des Smetana-Kais wird beherrscht vom Nationaltheater. Der Bau ist ein Denkmal der nationalen Kulturbegeisterung des 19. Jahrhunderts. Das Geld kam durch Spenden der ganzen tschechischen Bevölkerung zusammen. Zur Grundsteinlegung am 16. Mai 1868 kamen 50 000 Menschen. Kurz nach der Fertigstellung brannte das Gebäude ab, konnte jedoch nach einer erneuten Geldsammlung 1883 wiedereröffnet werden.

Die Geschichte des Nationaltheaters ist eng mit dem Namen des Komponisten Bedřich Smetana verbunden. Bereits zur Grundsteinlegung hatte er ein Fest-Vorspiel und eine «Hymne an die Bauern» komponiert. «Die Zukunft der Tschechen liegt in der Musik [...]», betonte er in seiner Rede. Von 1866 bis 1874 war Smetana Kapellmeister des Nationaltheaters. Zur Wiedereröffnung im Jahr 1883 hob sich der Vorhang für seine historische Oper «Libussa«.

Der Smetana-Kai wurde um die Jahrhundertwende von den damals bedeutendsten Architekten völlig neu gestaltet. Er bietet besonders im Licht der untergehenden Sonne ein prächtiges Bild.

Nächste Doppelseite: «[...]Die Häuser am Kai haben fast alle den Ton des Himmels angenommen, und nur ihre Fenster zucken dann und wann in heißem Leuchten und verlöschen versöhnt in dem Dämmer, sobald erst die Sonne sie nicht mehr aufstört.» So beschrieb Rainer Maria Rilke die abendlichen Fassaden am Fluß.

Die Festung Karlštejn über der Berounka galt über Jahrhunderte als uneinnehmbar. Dabei hatte Kaiser Karl IV. die Burg 1348 bis 1357 gar nicht in erster Linie als militärische Festung erbauen lassen. Sie war zur Aufnahme der Krönungsinsignien und seiner kostbaren Reliquiensammlung bestimmt. Die Räume, die für die «Reichskleinodien» eingerichtet wurden, ließ der Kaiser verschwenderisch ausstatten. Jeden Freitag nach Ostern strömte über Jahrhunderte hier das Volk am «Tag der Heiligtümer» zusammen.

Nicht länger im Schatten: Die Slowakei

Michael Frank

Sängerkrieg in Bratislava. Im Franziskanerkeller sitzt ein Dutzend froher Leute aus der Mittelslowakei. Sie wollen singen. Eine Zigeunerkapelle spielt. Man bittet den Kapellmeister, für heute Schluß zu machen. Der Primas lehnt höflich, aber mit Bedauern ab: Sie müßten noch drei Stunden spielen, sonst kriegten sie vom Wirt kein Geld. Da setzen sich die Slowaken zusammen und heben ein Singen an, ein eisernes, ein hermetisches Singen ohne Unterlaß. Nach fünfzehn Minuten Dagegenanspielen gibt die Kapelle endgültig auf. Den Sängern geht es nicht nur darum, für diesen Abend gewonnen zu haben. Sie haben es satt, in anderer Leute Schatten zu stehen.

Die schwierige Identität

Ein Stich ins Herz muß es auch für den Nachsichtigsten gewesen sein, wenn Slowaken früher außerhalb der Grenzen ihres Landes oder sogar an Ort und Stelle von Fremden leichthin als «Tschechen» tituliert wurden. Das tiefe und begründete Gefühl, nie richtig als sie selbst wahrgenommen zu werden, das war die eigentliche Triebfeder der slowakischen Unabhängigkeit, des Aufstiegs, wie es Slowaken sehen, zur alleinigen Staatsnation im eigenen Land, der zu Beginn des Jahres 1993 vollendet wurde.

Nicht nur der breite Rücken des «großen Bruders» in der Tschechoslowakei hatte Schatten geworfen. Psychologisch viel tiefer reichen tausend Jahre des Untertanendaseins unter magyarischer Herrschaft in «Oberungarn», wie die Slowakei damals genannt wurde. Im ungarischen Volksmund ging ein bezeichnender Spruch um: «Kartoffeln sind kein Essen und Slowaken keine Menschen!»

Die slowakische Hauptstadt Bratislava war über Jahrhunderte die Krönungsstadt der ungarischen Könige. Und wie die anderen nichtungarischen Untertanen des magyarischen Teils der k.u.k. Monarchie sahen sich auch die Slowaken einem der gnadenlosesten Kulturvernichtungsfeldzüge ausgesetzt, den Europa erlebt hat: Durch Magyarisierungsprogramme, die Budapest in der zweiten Hälfte des 19. Jahrhunderts in Gang setzte, kaum daß es von Wien seine Autonomie zugestanden bekommen hatte.

Dabei macht die politisch immer schwierige Nachbarschaft den Menschen beider Volksgruppen im Alltag, in ihrem normalen Lebenskreis, meist nicht die geringsten Probleme. Man mag es bei zwei so elementaren Dingen wie beim Essen und der Musik, beim Genießen und beim Singen beobachten, wie sehr die Kulturingredienzen miteinander verflochten sind. Beide, Slowaken und Ungarn, verbindet übrigens ein aufkommender Unwille, wenn man nicht wenige Elemente ihres Lebensausdrucks als ursprünglich von den Roma inspiriert erkennt. Man will es nicht gern wahrhaben.

Der Traum vom slowakischen Staat

In der Slowakei lebt ein buntes Völkergemisch: Ungarn, als eigentliche Minoritäten Ruthenen, Polen, Tschechen und Deutsche sowie Hunderttausende von Roma, deren Zahl niemand genau kennt oder kennen will, sind hier in einem Staat vereint. Selbst die slowakische Bevölkerungsmehrheit bildet nach Mentalität und Lebensweise keine homogene

DAS ZIPSER LAND

Mittelalterliche Städte, grüne Hügel und gotische Altäre

Südöstlich der Hohen Tatra entstand im 12. und 13. Jahrhundert ein fast geschlossenes deutsches Siedlungsgebiet. Der Bund der 24 Zipser Städte und der sieben oberungarischen Bergbaustädte in der Unterzips entwickelte sich zu einer einzigartigen Städtelandschaft aus der Verbindung sächsischer, slowakischer, ruthenischer und polnischer Kultureinflüsse.

Ein Rundgang durch Levoča (Leutschau) hat noch so manchen heimlichen Kulturchauvinisten aus dem Westen innerlich verstummen lassen: Eine Stadt in der Ostslowakei, gefühlsmäßig längst «Russisch Polen», von gotischem Grundcharakter, einer betörenden Renaissance-Silhouette und mit Kunstwerken, wie sie der Mainfränkischen Schule alle Ehre machen würden. In der Hauptkirche St. Jakob der größte erhaltene spätgotische Altar Europas, Werk des Meisters Paul von Leutschau, eine elegante Fülle gefaßten figürlichen Schnitzwerkes, ein Meisterwerk von abendländischem Rang.

Leutschau ist neben dem vielleicht nicht ganz so liebreizenden, aber noch prachtvolleren Kežmarok (Käsmark) der kulturelle Hauptort der Spiš (Zips; siehe Karte Seite 153). Das Hügelland südöstlich zu Füßen der Hohen Tatra breitet sich aus wie ein mythischer Traum von der Hochblüte mitteleuropäischer Kultur. Durchstreift man die Kleinstädte und Dörfer, stößt man auf Zeugen einer frühen kulturellen Regsamkeit, wie sie in der Slowakei sonst so gut wie nicht vorzufinden sind. Hier siedelten einst Sachsen, hier blühten die Künste, hier verbanden sich – etwa in der Holzarchitektur – deutsche Stilelemente mit den Tugenden des umliegenden slawischen Kulturraums. Die Zipser Burg, eine wuchtige Ruine mit riesiger Einfriedung, zählt sich stolz zu den größten Wehrkomplexen ihrer Art. Den Deutschen, die Vorfahren in der Slowakei hatten oder dort selbst noch geboren sind, ist die Zips Synonym für das verlorene Paradies, Monument ihrer Kultur, auch wenn es kaum mehr Vertreter dieser Volksgruppe dort gibt. Natürlich aber wurde dieses künstlerisch-kulturelle Traumland in der Berührung mit den Nachbarn geformt, mit Slowaken, Ruthenen und Polen. Wenn auch in den Zeiten kultureller Kargheit unter dem KP-Regime zum Erhalt manchen Schatzes nur wenig Mühe und Geld aufgewendet wurde, haben sich Pracht und Eleganz unter der Patina erhalten.
Und auch die vielen Jahrhunderte ungarischer Herrschaft haben der Zips als Siedlungsgebiet von besonderem

4

1

2

3

1 *Der Jugendstilbau der Redoute, des heutigen Stadttheaters, von Spišská Nová Ves (Zipser Neudorf). Die alte Kupferbergbaustadt wurde im 18. Jahrhundert Hauptverwaltungssitz des Zipser Städtebunds.*

2 *Geistlicher Mittelpunkt der Zips war die spätgotische Domkirche St. Martin von Spišská Kapitula (Zipser Kapitel).*

3 *Zur Zeit der Gegenreformation untersagte der Ödenburger Landtag von 1681 den Zipser Protestanten die Verwendung von Stein oder Metall beim Kirchenbau. Die Artikularkirche von Kežmarok (Käsmark) wurde deshalb 1717 vollständig aus Holz errichtet.*

4 *Die im 12. Jahrhundert erbaute Spišský hrad (Zipser Burg), die größte Burganlage der Slowakei, gab der Landschaft Zips ihren Namen.*

5 *Durch das Kaschauer Tor betritt man den mittelalterlichen Stadtkern von Levoča (Leutschau). 1721 wurde es Hauptort des Bundes der 24 freien Städte.*

6 *In den dichten Wäldern der Nízké Tatry (Niedere Tatra) am Südrand des Zipser Landes sind noch Bären und Gemsen zu Hause.*

mitteleuropäischem Charakter nichts anhaben können. Sie war kein germanischer Keil zwischen den slawischen Räumen des slowakischen Zentrums und dem schon stark nach Galizien orientierten Osten um Košice (Kaschau), sondern eher ein Bindeglied, ein Raum von großer Anziehungskraft. Die Erzbergwerke von Medzev (Metzenseifen) waren den Deutschen des Mittelalters geläufiger, als es die ganze Zips heute ist. Handelsbeziehungen ins nahe Oberschlesien, zu Ostungarn, mit Ruthenen und Ukrainern machten die Zips zu einem der vielen glänzenden Kleinmittelpunkte, die Mitteleuropa so spannend, so überraschungsreich erscheinen lassen. Der Anschein der Abgelegenheit ist eine Folge der jüngsten Zeiten, in denen politische Systeme und Ideologien neue Grenzen zogen, die tausend Jahre keine Gültigkeit und keine Logik hatten.

Die Zips ist der stärkste Magnet für eine ständige Seelen-Wallfahrt der vertriebenen Karpatendeutschen, die nach den Wurzeln der Vorfahren suchen. Ideales Wanderland für den ganzen Menschen: Kunst und Architektur inmitten schier unerschöpflicher Natur, in der man überraschend auf die Zeugen einer uralten bergmännisch geprägten Industriewelt stößt. Das Zipser Land ist ein kostbarer Kleinkosmos zum Wiederentdecken. *Michael Frank*

Links: Schafhirten ziehen noch heute mit ihren Herden durch die Täler und Gebirge der Slowakei, so als wäre seit 1930, als dieses Foto entstand, die Zeit stehengeblieben. Schafsmilch und Käse werden auf fast allen Märkten angeboten.

Rechts: Ein Schwatz im Sonntagsstaat um 1930. Im bäuerlichen Alltag hat sich in den Dörfern der Slowakei seither oft nur sehr wenig verändert.

Wollte ein Slowake in der alten Donaumonarchie «etwas werden», hatte er die Ochsentour erst über das Ungarische, der Budapester Hoheit wegen, bis letztendlich zum Deutschen, des Wiener Hofes wegen, durchzustehen.

Mit dem Krieg ging auch das vielfältig blühende Gemeinwesen dieser Stadt unter, das alles andere als nur eine Vorstadt des gerade 60 Kilometer entfernten Wien war, auch wenn beide Städte eine Trambahn verband. Bratislava übt bis heute eine ungebrochene Anziehungskraft aus. Als das KP-Regime 1989 stürzte, war noch nicht einmal die Hälfte aller in Preßburg lebenden Menschen dort geboren.

Autochtone Kinder der Stadt erzählen, daß sie, die hier Gebürtigen, sich lange als die Minderen, die Benachteiligten fühlten, weil sie keine Familie irgendwo auf dem Lande, in Trnava (Tyrnau), Levoča (Leutschau) oder Prešov hatten. Die Nervosität der slowakischen Politik, die ja im kraß exzentrisch gelegenen, ziemlich landfernen Bratislava gemacht wird, dürfte dieser Bevölkerungsumschichtung wegen auch auf Dauer gleichsam ein Urmerkmal der neuen Republik bleiben.

Nicht nur in dieser Hinsicht wurde die heutige Hauptstadt umgeformt. Die kommunistischen Machthaber der ČSSR mühten sich um ein neues architektonisches und verkehrstechnisches Gesicht, mit dem Ergebnis, daß kaum eine Stadt von den Bolschewisten so malträtiert und entstellt wurde wie diese unter der hartkantigen Burg auf dem westlichsten Ausläufer der Kleinen Karpaten.

Mehr von ihrer historischen Substanz vermochten sich Städte wie Nitra (Neutra), Trnava (Tyrnau) und Banská Bystrica (Neusohl) zu erhalten. Letzterer gelang es, viel von ihrer alten Magie aus dem Land ringsum zu bewahren: Sie liegt beinahe im geographischen Mittelpunkt der Slowakei, hat im Zentrum den Liebreiz einer alten, reichen Bergbaustadt, kuschelt sich in eine Senke zwischen drei sagenumwobenen Gebirgen, der Niederen Tatra, der Großen Fatra und dem Slowakischen Erzgebirge, und sie war Ausgangspunkt und Zentrum des slowakischen Nationalaufstandes, woran ein Museum erinnert.

Die alten Bräuche werden noch gepflegt: Nach der Trauung im Standesamt von Banská Bystrica (Neusohl) tanzen Braut und Bräutigam den Hochzeitstanz. Freunde und Verwandte in ihrer Festtracht bilden dazu den Reigen.

Nicht weit davon, im Norden der Mittelslowakei denke man sich noch heute die Kernlande der Slowakei. Die Orava-Region am alten Handelsweg nach Polen, am Übergang zwischen den Höhenzügen der Fatra und der Hohen Tatra, dem kleinsten bis über 2600 Meter aufragenden Felsengebirge Europas, gilt gleichsam als Wiege des ausgeprägtesten slowakischen Nationalbewußtseins.

Es ist ein karges, stolzes Land, von atemberaubend schlichter Schönheit und einem festen Menschenschlag, der, gehärtet vom Überlebenskampf, bis heute im Guten wie im Zweifelhaften als Verkörperung landestreuer Tugenden gilt. Heute bringt hier der lebhafte Wintertourismus ein besseres Auskommen, wo man in traumhaften Schneelandschaften nichts an kalten Vergnügungen vermissen muß.

Am Südostrand der Hohen Tatra breitet sich die Spiš (Zips) aus, mit ihren mittelalterlichen Städten ein Hort künstlerischer Schätze, einst das Kernland der Karpatendeutschen, so der Sammelbegriff für die sonst verstreut, hier aber einst dicht gehäuft siedelnde deutsche Volksgruppe in der Slowakei. Vielleicht lag es an dem Sonderverhältnis der separaten Kriegsslowakei zum Deutschen Reich, vielleicht an dem einvernehmlicheren, kontaktfreudigeren Zusammenleben der Volksgruppen, vielleicht aber auch an der slowakischen Mentalität, so schreckensreich Vertreibung allemal ist, in der Slowakei vollzog sich die ethnische Säuberung nach Kriegsende weit weniger grausam und weniger gründlich als in Böhmen und Mähren.

Von den Karpatendeutschen konnten mehr bleiben, wurden weniger umgebracht als im tschechischen Landesteil. Auch von den Ungarn blieb mehr als eine halbe Million, nachdem ein offiziell als «freiwillig» vereinbarter Bevölkerungsaustausch wenig Echo gefunden hatte und man auch nicht versuchte, ihn mit aller Gewalt durchzusetzen. Eine Rolle spielte allerdings, daß der Nachkriegstschechoslowakei die restlose Vertreibung der Deutschen von den Alliierten in Potsdam als Siegerrecht zugebilligt worden war, die der Ungarn aber nicht in dieser Konsequenz.

Ehrlicher Makler zwischen Ost und West

Im früher sowjetisch beherrschten Mitteleuropa war eine der elementarsten Gegenreaktionen nach dem demokratischen Umsturz von 1989 ein leidenschaftlicher, fast manischer, nach den Verheißungen von Markt und Pluralismus lechzender Drang nach Westen. Ein Drang, der mancherorts den Sinn für die alten gewachsenen Nachbarschaften ringsum, vornehmlich gen Osten, verkümmern ließ.

Die Slowakei bildet hierin eine Ausnahme: Sie behielt von vornherein ihre unmittelbaren Beziehungen im Auge, erkannte sogleich realistisch ihre Grenzlage zwischen Ost und West. Vielleicht war es eine Form vernünftiger Bescheidenheit, die die Slowaken auch in der neuen kapitalistischen Zeit nicht zu der Illusion verführte, daß sich in ihrer geopolitischen und wirtschaftlichen Situation ein marktwirtschaftliches Paradies herbeiträumen ließe. So entwickelte man bald die Vorstellung von einem bescheideneren ost-mitteleuropäischen Wirtschaftsraum, in dem das Land im Rahmen seiner Möglichkeiten den guten Makler spielen könnte.

Konsequenterweise machte man sich auch praktisch an diese Aufgabe: Zum Beispiel, indem man höchstqualifizierte Maschinen und technische Geräte aus dem Westen, die allerdings auch gründlichste Wartung verlangen, auf die eher robusten Anforderungen östlicher Kundschaft umrüstet, ohne daß das Gerät seine praktischen Vorteile einbüßt.

Die alten angestammten Märkte des Ostblocks blieben wenigstens in den Grundstrukturen erhalten. Trotz erheblicher Probleme erlitt das Land deshalb auch nicht den wirtschaftlichen Zusammenbruch, den man ihm nach der Unabhängigkeit als unausweichlich prophezeit hatte, zumal die sozialistische Entwicklungspolitik in den früher überwiegend agrarischen Landstrichen durch Ansiedlung von Schwerindustrie, Stahlhütten, Gießereien und Waffenschmieden eine gefährliche strukturelle Schieflage erzeugt hatte.

Aber auch politisch hielten die Slowaken Tritt. Ein Beispiel ist ihr Verhältnis zum neuen Nachbarn Ukraine, einem von Problemen sonder Zahl geplagten großen Land, an dessen dauerhafte Selbständigkeit noch heute in Mitteleuropa kaum jemand glauben möchte. Die Slowaken jedenfalls begnügten sich nicht damit, angstvoll nach Osten zu starren und den Westen mit Horrorwarnungen vor den dort zu gewärtigenden Katastrophen zu versorgen, sondern stellten sich auf die neuen Verhältnisse ein. Ebenso bemühte man sich, trotz chauvinistischen Störfeuers auf beiden Seiten, um einen Ausgleich mit dem naturgemäß gefürchteten Nachbarn Ungarn.

Der slowakische Katholizismus, in manchen Eigenheiten dem polnischen nicht unähnlich, tut sich seit der Demokratisierung schwer, im als «westlich» empfundenen Pluralismus eine wünschenswerte Gesellschaftsform zu erblicken. Den Katholiken erschien trotz ihrer tiefen Frömmigkeit ein neuer Klerikerstaat nicht erstrebenswert. Die Amtskirche, die als tragendes Element des antikommunistischen Widerstands triumphierend erwartet hatte, das dominante Element der neuen Gesellschaft zu werden, mußte sich durch die neuen Lebensformen auf bescheidenere Ansprüche zurückstutzen lassen.

Wenn auch junge Leute allerorten Keuschheitsklubs gründen, sobald der Papst zu einem Besuch hereinschaut, wenn die Mariensäulen auf den Plätzen in neuem Glanz erstrahlen, die Wallfahrten – zu kommunistischer Zeit eher ein politisches Kampfmittel – wieder aufleben, eine klerikale Gesellschaft wird sich hier nie mehr schmieden lassen, auch wenn die Volksfrömmigkeit vielerorts ungebrochen scheint.

Die Slowaken haben ein Talent für eine besondere Kultur entwickelt, die in sich einen ganz neuen Charakter bildet, welcher die derben Dinge mit den feinen, eleganten zu verbinden weiß – vielleicht so, wie sich ein slowakischer Weinfreund nicht scheut, den Abend mit einem großen Schluck Borovička zu beenden, dem zum Nationalgetränk gereiften Wacholderschnaps. Und wenn sie ehrlich sind, dann bringt Slowaken nur eines wirklich aus der Ruhe: Die Wacholderhaine in der Mittelslowakei und im Osten des Landes drohen wegen der Umweltverschmutzung zu sterben. Dann wäre es aus mit dem Borovička, eine Katastrophe, die alles andere in den Schatten stellte.

Die Pestsäule auf dem Marktplatz von Hradec Králové (Königgrätz) wurde 1717 von dankbaren Bürgern gestiftet. Im Hintergrund die barocke Mariä Himmelfahrtskirche. Im 14. Jahrhundert war Königgrätz der Witwensitz der böhmischen Königinnen. Unweit von hier entschied sich im Jahr 1866 in einer Schlacht zwischen Österreichern und Preußen die Vorherrschaft in Deutschland.

Nächste Doppelseite: Hradec Králové (Königgrätz) ist die größte Stadt Ostböhmens. Nicht weit vom langgestreckten Marktplatz liegt der kleine, nach dem Reformator Jan Hus benannte Husovo-Platz. Die gemächliche Stille in der Altstadt zwischen den kleinen, schönen Bürgerhäusern läßt kaum etwas ahnen vom lebendigen Getriebe in der erst um die Jahrhundertwende angelegten Neustadt auf der anderen Seite der Elbe.

VoZP

RESTAURACE
restaurace Černý kůň
Gambrinus
Černý kůň

Das Český ráj (Böhmisches Paradies; siehe Seite 123) im Jitschiner Bergland ist das älteste tschechoslowakische Naturschutzgebiet. Begeisterte Künstler und Dichter verliehen ihm seinen romantischen Namen. Wegen seiner bizarren Felsentürme und Felsenlabyrinthe ist es ein beliebtes Ausflugsziel für Wanderer und Kletterfreunde.

Links: Die «Felsenstädte» und tiefen Waldgebiete des Böhmischen Paradieses sind seit vielen Jahrhunderten auch wegen der großen Vorkommen an Halbedelsteinen sehr bekannt. Das traditionelle Verarbeitungszentrum ist Turnov (Turnau) im Norden des Gebiets.

Rechts: Enge Schluchten und Täler kennzeichnen die Landschaft des Český ráj. Neben Klettergärten in allen Schwierigkeitsgraden finden Erholungssuchende auch viele gemächlichere Pfade durch die tiefen Wälder.

Berühmt war die Kunstfertigkeit der Zimmerleute im Krkonoše (Riesengebirge). Holz ist hier bis heute der wichtigste Baustoff geblieben. An vielen Bauernhäusern haben sich Elemente dieser volkstümlichen Architektur bis heute erhalten.

Nächste Doppelseite: Südöstlich von Pardubice muß die Elbe weit ausholen, um einen großen Basaltfelsen zu umgehen. Auf seiner Spitze errichteten die Hussiten 1421 bis 1423 die klobige Bergfestung der Kunětická hora (Kunietitzer Burg).

Der Gebirgskamm der Krkonoše (Riesengebirge) erstreckt sich über eine Länge von 36 Kilometern, die höchste Erhebung ist die Sněžka (Schneekoppe) mit 1602 Metern. Rund um die Schneekoppe findet man viele aus Holz gezimmerte Ferienheime im typischen traditionellen «Bauden»-Stil.

Reiseführer durch Tschechien und die Slowakei

Michaela Marek und Peter Heumos

Inhalt

Kulturland im Herzen Europas: Tschechien

Randgebirge und Beckenlandschaften. Tschechien ist mit knapp 80 000 Quadratkilometern nur wenig größer als Bayern, die Nord-Süd-Ausdehnung beträgt 275 Kilometer. Seiner geographischen Lage verdankt das Land ein abwechslungsreiches Erscheinungsbild mit zahlreichen kleinräumigen Landschaften und Gebirgsmassiven unterschiedlicher Beschaffenheit.

Der Verlauf der Grenzgebirge und die annähernd kreuzförmige Anordnung der Hauptflüsse Vltava (Moldau), Labe (Elbe), Berounka (Beraun) und Ohře (Eger) haben zusammen mit der zentralen Lage der Hauptstadt das Klischeebild von Böhmen als einem allseitig von hohen Bergen umschlossenen Kessel entstehen lassen, während der mährische Raum stets als Durchgangsland in alle Richtungen galt.

In Wirklichkeit sind beide Landesteile von sanften Hügeln mit Höhen um 800 Meter durchzogen; die Sněžka (Schneekoppe) als höchste Erhebung erreicht 1600 Meter, die höchsten Gipfel im Böhmerwald sind etwa 1350 Meter hoch.

Gemäßigtes Übergangsklima. Das ausgeprägte Höhenrelief des Landes bedingt erhebliche Schwankungen des insgesamt gemäßigten Klimas: Während in den Bergregionen meist rauhe, ozeanisch beeinflußte Witterung herrscht, erfreuen sich die Niederungen im Windschatten der Berge, etwa das Elbtal oder die Beckenlandschaft um Prag, eines eher kontinentalen Übergangsklimas mit langen warmen Sommern und frostigen Wintern. An der March in Mähren gedeiht sogar Tabak, und am wärmsten ist es in der südmährischen Weinbauregion.

Pflanzen- und Tierwelt. Ausgedehnte Wälder, die immerhin etwa ein Drittel des kleinen Landes bedecken, bestehen in den höheren Lagen überwiegend aus Fichten, in den Niederungen herrscht Buchenmischwald vor.

In den südmährischen Hügellandschaften gedeihen Kiefern und Eichen, in den Flußniederungen Auenwälder. Anders als in Böhmen weisen die Ebenen Mährens auch Steppe, Heide und Dornbuschbewuchs auf. Dank der lockeren Besiedlungsstruktur hat sich ein reicher Wildbestand gehalten.

DATEN ZUR GESCHICHTE TSCHECHIENS UND DER SLOWAKEI

Geschichte der böhmischen Länder bis 1918:
833–906 Großmährisches Reich mit dem Zentrum in Südmähren.
921–935 Regierung von Herzog Václav (Wenzel); er wird später heiliggesprochen und Schutzpatron Böhmens.
973 Errichtung des Prager Bistums.
1212 Přemysl Otakar erhält von König Friedrich II. endgültig die erbliche Königswürde für Böhmen.
1860–1914 Der Aufstieg der tschechischen Nation und ihr Kampf für das böhmische Staatsrecht verschärfen den Konflikt mit den Deutschböhmen und die Auseinandersetzung um die Autonomie der böhmischen Länder.
1914–1918 Erster Weltkrieg. Tomáš G. Masaryk, Edvard Beneš und der Slowake Milan R. Štefánik bereiten im Exil die Gründung eines unabhängigen tschechoslowakischen Staates vor.

1

2

1346–1378 Regierung Karls IV. aus dem Geschlecht der Luxemburger. Böhmen entwickelt sich zum Zentrum Mitteleuropas mit blühender Wirtschaft und Kultur.
1348 Gründung der Prager Universität.
1415 Jan Hus wird vom Konzil in Konstanz als Ketzer verurteilt und auf dem Scheiterhaufen verbrannt.
1419–1435 Hussitenkriege als Auftakt zum Zeitalter der Reformation und erste Revolution in der europäischen Ständegesellschaft.
1618–1619 Aufstand der böhmischen Stände unter Berufung auf ihre protestantische Glaubensfreiheit.
1620 Schlacht am Weißen Berg. Sieg des Königtums der Habsburger über die böhmischen Stände.
1775 Bauernaufstand in Böhmen.
1784 Aufhebung der Leibeigenschaft in den böhmischen Ländern.
1848 Revolution in Prag. Die tschechische nationale Bewegung erhebt die Forderung nach politischer und gesellschaftlicher Gleichberechtigung mit den Deutschen Böhmens.

Dem slowakischen Landesteil wird im Pittsburgher Abkommen vom 30. Mai 1918 Selbstverwaltung zugesagt.

Geschichte der Slowakei bis 1918:
1018–1097 Die Slowakei wird nach dem Zerfall des Großmährischen Reiches unter dem Geschlecht der Arpaden dem ungarischen Reich eingegliedert.

3

1241–1242 Verwüstung des Landes durch einen Tatareneinfall.
1458–1490 Unter König Matthias I. Corvinus erlebt die Slowakei eine wirtschaftliche und kulturelle Blüte.
1465 Gründung der Academia Istropolitana in Bratislava, der ersten Universität in der Slowakei.
1687 Die ungarischen Stände übertragen auf dem Reichstag in Bratislava die ungarische Krone dem Geschlecht der Habsburgischen Kaiser.
1787 Der slowakische katholische Pfarrer Anton Bernolák unternimmt den Versuch einer Kodifizierung der slowakischen Schriftsprache.
1820–1840 Erste Ansätze einer slowakischen nationalen Bewegung, die sich unter L'udovít Štúr gegen die Magyarisierung des Landes wendet.
1863 Gründung der Matice slovenská als nationales Zentrum der Slowakei.
1867 Nach dem österreichisch-ungarischen Ausgleich setzt eine verstärkte Magyarisierungspolitik ein.
1918 Im Pittsburgher Abkommen am 30. Mai wird der Slowakei als Teil des

1 *Der Reformator und Volksprediger Jan Hus (um 1370 – 1415) wurde auf dem Konzil zu Konstanz trotz freien Geleits als Ketzer verurteilt und auf dem Scheiterhaufen verbrannt. Es war das Signal zum Aufstand der Böhmen gegen Papst und Deutschen Kaiser.*

2 *In den Hussitenkriegen zwischen 1419 und 1435 wurden die Ritterheere Europas auf vier Kreuzzügen von den Rebellen mit ihren gepanzerten und kanonenbewehrten Wagenburgen vernichtend geschlagen.*

3 *Kaiser Karl IV., links im blauen Kaisermantel, und sein Sohn Wenzel, der König von Böhmen, auf einer Miniatur aus der Goldenen Bulle um 1400.*

4 *Auftakt zum Dreißigjährigen Krieg: Prager Städtevertreter stürzten am 23. Mai 1618 die beiden Statthalter des Kaisers und ihren Sekretär aus dem Fenster der böhmischen Kanzlei des Hradschin. Der Kampf endete mit einer vollständigen Niederlage der Böhmen. Kolorierter Kupferstich von Matthäus Merian d. Ä.*

künftigen tschechoslowakischen Staates weitgehende Autonomie zugesagt, später jedoch nicht voll verwirklicht.

Geschichte der Tschechoslowakei:
1918 Am 28. Oktober wird in Prag die Tschechoslowakische Republik ausgerufen. Tomáš G. Masaryk wird zum Präsidenten gewählt.
1929–1935 Die Weltwirtschaftskrise verschärft die sozialen und nationalen Probleme der ČSR. Die Sudetendeutsche Partei unter Henlein verlangt Selbstverwaltung für die Deutschen in der ČSR und kooperiert zunehmend mit dem Dritten Reich.
1938 Im Münchner Abkommen wird die Tschechoslowakei zur Abtretung der sudetendeutschen Gebiete an das Dritte Reich gezwungen.
1939 Am 14. März wird der vom Dritten Reich abhängige slowakische Staat proklamiert. Am 16. März wird das Reichsprotektorat Böhmen und Mähren geschaffen.
1939–1945 Der nationalsozialistische Terror kostet mehr als 300 000 tschechoslowakischen Staatsbürgern (in der Mehrzahl Juden und Roma) in den Vernichtungslagern oder im Widerstand das Leben.
1944 Slowakischer Nationalaufstand gegen die slowakischen Faschisten und die Deutsche Wehrmacht.
1945 Am 5. April verabschiedet die erste tschechoslowakische Nachkriegsregierung das Kaschauer Regierungsprogramm. Präsident Beneš kehrt aus dem Exil nach Prag zurück.
1945–1947 Aussiedlung der Deutschen aus der Tschechoslowakei.
1948 Am 25. Februar übernimmt die Kommunistische Partei der Tschechoslowakei in einem Staatsstreich die politische Macht im Land.
1960 Gründung der Tschechoslowakischen Sozialistischen Republik (ČSSR).
1968 Am 21. August beendet die Okkupation der ČSSR durch die Truppen des Warschauer Pakts die sozialistische Reformbewegung des Prager Frühlings unter Alexander Dubček.
1969–1989 Wiederherstellung des orthodoxen kommunistischen Regimes («Normalisierung») unter dem Parteichef Gustáv Husák.

5 *Das Ende des Prager Frühlings: Panzer auf dem Wenzelsplatz von Prag. Am 20./21. August 1968 besetzten Elitetruppen des Warschauer Pakts die Tschechoslowakei.*

6 *Hitler überquert am 3. Oktober 1938 in Wildenau die Grenze zur ČSR in Siegerpose. Im Münchner Abkommen wurde die Tschechoslowakei zur Abtretung großer Gebiete gezwungen.*

1977 Gründung der Gruppe Charta 77.
1989 Am 17. November bricht das kommunistische Regime in den Protestdemonstrationen der Samtenen Revolution zusammen. Der Dramatiker Václav Havel wird zum Präsidenten der Republik gewählt.
1990 Die ČSSR wird in ČSFR (Tschechische und Slowakische Föderative Republik) umbenannt.
1992 Das Bundesparlament in Prag verabschiedet am 25. November das Gesetz über die Auflösung der ČSFR.
1993 Am 1. Januar gehen aus der ehemaligen ČSFR die beiden Nachfolgestaaten Tschechische Republik und Slowakische Republik hervor.

Tschechische Republik:
1994 Verabschiedung des Gesetzes über die Rückerstattung beschlagnahmten jüdischen Eigentums.
1995 Verfassungsklage auf Aufhebung der «Beneš-Dekrete», auf deren Grundlage der Besitz der Sudetendeutschen nach dem Zweiten Weltkrieg konfisziert worden war, zurückgewiesen.

Slowakische Republik:
1994 Sieg der «Bewegung für eine demokratische Slowakei» bei den Parlamentswahlen.
1995 Abschluß eines slowakisch-ungarischen Grundlagenvertrags zwischen beiden Ländern.

Peter Heumos

Es gibt viele Füchse und Wildschweine; neuerdings sollen sogar wieder Bären in den Böhmerwald zurückkehren. Einer ausgedehnten Teichwirtschaft verdankt der Süden eine artenreiche Population an Wasservögeln. Häufiger als anderswo sieht man hier auch Störche.

Die junge Demokratie. Mit der sogenannten Samtenen Revolution von 1989 hat eine parlamentarische Mehrparteiendemokratie den Sozialismus abgelöst. Da eine Föderation als unzureichend empfunden wurde, beendete die Teilung der Tschechoslowakei in zwei unabhängige Staaten im Jahr 1993 die Spannungen zwischen dem tschechischen und dem slowakischen Landesteil.

Mähren wurde trotz ähnlicher Bestrebungen keine Sonderstellung zugestanden. Die in der Habsburgermonarchie selbständige Provinz, die seit jeher zusammen mit Böhmen die «Länder der böhmischen Krone» gebildet hatte, tritt lediglich in der administrativen Staatsgliederung gesondert hervor: Die beiden mährischen Verwaltungsbezirke decken sich exakt mit dem Territorium der historischen Provinz. Die politischen, Verwaltungs- und Rechtsstrukturen des Landes sind noch in der Konsolidierung begriffen.

Bevölkerung und Sprache. Der ehemalige Vielvölkerstaat hat sich im Lauf weniger Jahrzehnte durch radikale Eingriffe in einen tschechischen Nationalstaat verwandelt. Zuerst hat der deutsche Nationalsozialismus die jüdische Bevölkerung weitgehend vernichtet, nach dem Zweiten Weltkrieg folgte die Massenausweisung der deutschsprachigen Bevölkerung, zuletzt wurden durch die Teilung der Tschechoslowakei die Tschechen und die Bewohner der Slowakei voneinander getrennt. Heute leben neben den etwa zehn Millionen Tschechen nur noch wenige Zehntausend Polen im mährisch-schlesischen Industriegebiet, eine Anzahl im Land verbliebener Deutscher sowie die ungeliebten Roma, deren Zahl einige Hunderttausend betragen dürfte. In Prag hat sich eine beachtliche amerikanische Kolonie gebildet.

Amtssprache ist das Tschechische, das freilich in seiner reinen Form nur in Teilen Mährens gesprochen wird. Bedingt durch die Konzentration der Behörden und Medien in der Hauptstadt beginnt das Prager Tschechisch in die Hochsprache einzudringen. Viele ältere Menschen sprechen noch deutsch – in einer charmanten, leicht antiquierten, weil aus der Donaumonarchie ererbten Variante. Die junge Generation dagegen zieht es vor, Englisch zu lernen.

Links oben: Das Brauereimuseum in Plzeň (Pilsen). Im Bild eine historische Gaststube. Unter den zahlreichen Ausstellungsstücken befindet sich auch das kleinste Bierfaß der Welt, mit nur einem Kubikzentimeter Inhalt.

Links unten: Im Brauereirestaurant Prazdroj (Urquell) in Plzeň (Pilsen) kann man das süffige Getränk an Ort und Stelle probieren.

Mitte: Das südmährische Telč (Teltsch) erlebte seine Blütezeit im 16. Jahrhundert unter den Herren von Hradec. Das Schloß neben der Jesuitenkirche und St. Jakob schließt den langgestreckten Marktplatz ab.

Rechts: Wie hier bei Kladno schmiegen sich zwischen Wiesen und Wäldern der mittelböhmischen Hügellandschaft versteckte Dörfer in die Talsenken.

Charakteristisch für das Land ist die ungleichmäßige Verteilung der Bevölkerung, deren größter Teil in den industriellen Ballungsräumen lebt. Die Millionenstadt Prag ist die einzige klassische Metropole, schon Brno (Brünn), die zweitgrößte Stadt des Landes, erreicht nur knapp 400 000, andere administrativ wichtige Städte haben kaum mehr als 100 000 Einwohner. Ein gewaltiges Gefälle kennzeichnet infolge des radikalen wirtschaftspolitischen Umbruchs auch die Sozial- und Einkommensstruktur.

Industrie und Landwirtschaft. Schon in der habsburgischen Doppelmonarchie waren, vor allem dank reicher Kohle- und Erzvorkommen, viele Industriebetriebe auf dem Territorium der heutigen Tschechischen Republik angesiedelt. Die Erste Republik verdankte diesem Umstand ihren hohen wirtschaftlichen Standard auf europäischem Spitzenniveau.

Heute hat das Land schwer an den Nachteilen zu tragen, die ihm aufgrund seiner Rolle innerhalb der Struktur des Wirtschaftssystems des Ostblocks aufgedrängt worden waren. Bergbau, Stahlproduktion, Maschinenbau und Energiegewinnung haben nach wie vor die größte Bedeutung. Da das alte sozialistische Außenhandelssystem zusammengebrochen ist, muß zur Erschließung neuer Absatzmärkte das technologische Niveau dem der westlichen Konkurrenz angepaßt werden. Eine Vorreiterrolle spielt dabei die Automobilindustrie, die auf Joint Ventures setzt.

Weite Teile Nordwestböhmens sind vom Braunkohletagebau gezeichnet. Andere Zentren des Bergbaus sowie der Metallindustrie sind die Regionen um Kladno bei Prag, Plzeň (Pilsen) und Mladá Boleslav (Jungbunzlau) und in Mährisch-Schlesien das ausgedehnte Industriegebiet von Ostrava-Karviná (Ostrau-Karwin). Bei Příbram wird auch heute noch Uran gefördert. Die ehemals verbreitete Textilindustrie hat an Bedeutung stark verloren. Ein wichtiger Wirtschaftszweig ist schließlich die Nahrungsmittelindustrie mit den Brauereien als traditioneller Prestigebranche.

Der langwierige Modernisierungsprozeß wird in allen Bereichen tiefgreifende Veränderungen mit sich bringen. Nach den Umwälzungen des Jahres 1989 kommt die Privatisierung der Landwirtschaft nur zögernd in Gang. Unbeschadet davon werden ohne Zweifel die Zweige bleiben, die schon seit dem Mittelalter weite Landstriche im Nordwesten und im Süden prägen: der Hopfenanbau, die Teichwirtschaft in Böhmen und nicht zuletzt der nicht unbedeutende Weinbau in Südmähren.

DIE BÖHMISCHE KÜCHE

Nicht nur Mehlspeisen und Knödel mit Soß

Böhmische Köchinnen genossen im kaiserlichen Wien der Jahrhundertwende nicht von ungefähr legendären Ruhm: Es gibt kaum eine europäische Küche, die zugleich so volkstümlich, variantenreich und phantasievoll ist. Die wahre Kunst, solche Köstlichkeiten zuzubereiten, besteht in einer Kombination von Witz, richtiger Dosierung und viel Geduld.

Klischees zu bestätigen gilt als denkbar unfein. Wer aber leugnete, daß die Seele des böhmischen Appetits im Knödel wohne, der würde glatt lügen. Der Knödel hat seinen Namen von der Kugelform, böhmische Knödel hingegen sind fast immer Scheiben, die man von einem Wecken abschneidet. Und das kommt daher, daß die besten ihrer Art, die Semmel- und die Hefeknödel, Serviettenknödel sein sollten: Als dicke Wurst in ein Tuch, die Serviette, eingedreht, werden sie im heißen Dampf gegart. Dann kommen sie zu Speisen auf den Tisch, an denen das wichtigste die dicke Soße ist, die dem Knödel Sinn und Pfiff gibt. Das Fleisch, das wiederum der Soße den guten Geschmack verleiht, wäre für einen echten Böhmen durchaus entbehrlich, wenn nur von Knödeln und Soß genug da ist. Und die ist immer dann am besten, wenn sie einen Hauch Süße verliehen bekommt, von Powidl (Zwetschgenmus) oder am besten von Hagebuttenmark.

Die neue, als Wohlstand interpretierte Welt des vielen Fleisches, die schon und besonders unter den Kommunisten zelebriert wurde, hat der böhmischen Küche nur geschadet. Denn ein so differenzierter Geschmackskosmos verträgt zuviel von einer Sache nicht. Auch wenn es solche Köstlichkeiten wie die Svíčková sind, das gespickte Rindsfilet, oder der traditionelle Schweinsbraten mit süßem Kümmelkraut. Knödel, unter denen die rohen Kartoffelklöße ihre besondere Rolle haben, gibt es natürlich auch zu Fasan und Hase, zu Gans und Ente, die Böhmens unendliche Teichlandschaften bevölkern. Viel Fleisch wird aufgetischt und Süßwassergetier aus eben diesen Teichen: Karpfen und Forelle, Schleie, Aal und ganz selten auch die Äsche in Dutzenden von Varianten.

Die wahre Kunst der böhmischen Küche erschließt sich auf ganz anderem Feld, auf dem Blech nämlich, auf dem die Mehlspeisen und verwandten Teiggerichte ins Ofenrohr finden. Maultaschen, gefüllt mit Gemüsekäsefarce, Kürbis, Wurstgehäck und Leberpüree; Strudel, in die man Lammragout, Speckmangold oder Käsespinat gewickelt hat, Maultaschen mit Pilzen und Kräutern, mit faschiertem Wild. Und alles natürlich in seiner verführerischsten süßen Gestalt: Wieder die Strudel, dann Palatschinken, Kolatschen, Buchteln, Liwanzen – letztere schlichte Hefeküchlein meist mit Blaubeeren, die anderen gefüllt mit Nußpaste, mit Apfelmus, mit Marillenmarmelade, mit Ribislgelee – und natürlich mit Mohn!

Mancher traut seinen Augen nicht, trifft er im hochsommerlichen Böhmen und Mähren auf riesige Mohnfelder, ein Meer von zartweißen Blüten, rosa und schwarz gefleckt. Mohn ist – mehr noch als der Kümmel – aus der Bäckerei, aus keiner Sparte der Küche wegzudenken, in dicken Schichten auf Kuchen, im Strudel; selbst weißen Fisch bekommt man häufig mit zartsahnigen Mohnsoßen aufgetischt.

1

2

1 *Liwanzen sind kleine ausgebackene Hefeküchlein. Mit Powidl, einem Zwetschgenmus, und mit Puderzucker bestreut, schmecken sie am besten.*

2 *Die wahre Kunst der böhmischen Köchin erschließt sich auf dem Blech und im Backrohr: Frisch aus dem Ofenrohr sind überbackene Quarkpfannkuchen mit Rosinen nur eine der vielen köstlichen Mehlspeisen, für die diese Küche so berühmt geworden ist.*

3 *Zum Braten gibt's böhmische Knödel mit Soß. Sie sind nicht rund, sondern werden, wie die Semmelknödel hier auf dem Bild, in Scheiben von einem Wecken abgeschnitten. Die Kochbücher der Magdaléna Dobromila Rettigová aus dem 19. Jahrhundert sind noch heute wahre Fundgruben für Köche und Feinschmecker.*

4 *Dukatenbuchteln in der Glasform gebacken. Ihren Namen haben sie daher, weil sie so rund und goldgelb wie Dukaten sein müssen, damit sie auch dem Auge munden.*

Nach Mähren hin, wo man vom Becherovka, dem Karlsbader Kräuterbitter, mehr zum Slivovice, dem klaren Zwetschgenschnaps als Aperitif übergeht, wandelt sich die Welt auch mehr vom Mehl- zum Kartoffelparadies. Bramborák ist ein Zauberwort: Bayerisch Reiberdatschi, preußisch Kartoffelpuffer, sind gleichsam Basis der mährischen Küchenwelt. Aus winzigen Fensterhöhlen gereicht, waren sie früher auch in Prag der beliebteste und beste Schnellimbiß. In großen Fladen dienen sie gleichsam als Verpackung für manch feines Geschnetzeltes, für Geselchtes, für Speckkraut oder sonst eine der kunstvollen Kreationen.

Kaum eine europäische Küche, die sich besonders auf volkstümlichen Geschmack besann, war so variantenreich und phantasievoll. Freilich erlebte die böhmische Küche ihre Hochblüte in der k.u.k. Residenzhauptstadt Wien, in der «böhmische» Köchinnen legendären Ruhm besaßen, wiewohl sie meist aus Mähren kamen. Sie wußten die Blut- und Leberwürste besser zu würzen, sie wußten Gurken und Gemüse unvergleichlich einzulegen, süßsauer oder scharf, sie verstanden sich auf Wild und Pilze wie niemand sonst, sie kombinierten manchmal auch Erfahrungen aus anderen habsburgischen Kronländern kongenial mit den eigenen Rezepten. Was freilich bis heute von einer böhmischen Köchin kaum erwartet werden kann – ist grüner Salat. Krautsalat mit frischem Kren (Meerrettich), den ja!, – auch Tomatengurkenpaprika, alles!, – nur keine Blätter.

Böhmische Küche war immer breite Volkskunst, die natürlich mit der Wohlhabenheit an Raffinesse zunahm. Dennoch ist Kochkunst selten so in einer Person verherrlicht worden wie in Magdaléna Dobromila Rettigová. Diese Böhmin, die für Herrschaften in verschiedenen Teilen des Landes kochte, hat in mehreren Büchern ihre Rezepte zusammengefaßt. Diese sind keine akribischen Dosierungsanweisungen, sondern hier herrscht die souveräne Geste einer routinierten Frau am Herd. Noch im 19. Jahrhundert erklommen sowohl die tschechische wie die deutschsprachigen Ausgaben ihrer Kochfibel Auflagen von mehreren hunderttausend Stück. Ihr Geheimnis ist ziemlich einfach, aber leider für heutige Zeiten nicht immer ganz tauglich: Üppige Zutaten bringen es nicht, die Menge nicht, sondern der Witz der Komposition, die Dosierung und viel Geduld.

Gut Ding braucht Weile! Die Schnellgarküchen-Mentalität dieser Tage hat den Raum für die böhmische Küche schon arg beschnitten. Oder aber die Überanstrengung der Frauen in einer Welt, in der die Männer zu Hause nichts anfassen als ihre eigene Bierflasche. Dennoch hat sich in der Gastronomie eine Trendwende ergeben: Nachdem in der neuen Konsumwelt nach der Wende zunächst ein aberwitziger «Internationalismus» die angestammte Küche zu überrollen drohte, haben Böhmen und Mährer ihre Art des Kochens wiederentdeckt, nicht zuletzt als eine Attraktion, die mehr vom Charakter eines Landes verrät als manches gute Wort. *Michael Frank*

Links: Zahlreiche alte und neuerrichtete Wegekreuze zeugen in der Slowakei von der tiefen Frömmigkeit der Bevölkerung. Frischer Blumenschmuck fehlt selten.

Mitte: In den abgelegenen nordslowakischen Tälern der Spišská Magura (Zipser Magura) ist das Pferd bis heute ein unentbehrlicher Helfer in der Landwirtschaft geblieben.

Zwischen Donau und Karpaten: Die Slowakei

Gebirgsketten, Wälder und Flußtäler. Das Land, das im Norden an Polen, im Osten an die Ukraine, im Süden an Ungarn und Österreich und im Westen an die Tschechische Republik grenzt, umfaßt ein Gebiet von 49 035 Quadratkilometern und ist damit nur unwesentlich größer als Niedersachsen. Auf dieser kleinen Fläche bietet die Slowakei jedoch eine um so größere Vielfalt der landschaftlichen Gliederung und der geographischen und klimatischen Verhältnisse.

Das Land wird zu einem erheblichen Teil von den Gebirgszügen der Westkarpaten ausgefüllt, die in zahlreiche Einzelgebirge zerfallen und durch oft tief eingeschnittene Flußtäler voneinander getrennt sind. Fast 40 Prozent des Territoriums der Slowakischen Republik bestehen aus Wald. Die Slowakei ist somit eines der waldreichsten Bergländer Europas.

Drei unterschiedliche Regionen bestimmen den Charakter der Westslowakei: Der Gebirgszug der Kleinen Karpaten, der mit Laub- und Nadelwäldern und an seinen Südhängen mit Weingärten bedeckt ist und sich von Bratislava (Preßburg) hundert Kilometer nach Nordosten hinzieht; das mittlere Tal des Váh (Waag), das von zusammenhängenden Bergketten umsäumt wird, und schließlich das fruchtbare Schwemmland der Donautiefebene, das sich von Bratislava aus nach Osten erstreckt und die Kornkammer des Landes darstellt.

Den Norden der Mittelslowakei prägen die Gebirgsmassive der Slowakischen Beskiden, der Kleinen und Großen Fatra, der Niederen und der Westlichen Tatra. Südlich des Tales des Hron (Gran), dem Herzstück einer alten Industrielandschaft, erhebt sich das Slowakische Erzgebirge, das nach Süden in ausgedehnte Karstgebiete übergeht.

Schroffe Gegensätze drücken der Landschaft der Ostslowakei ihren Stempel auf. Neben den wilden Felsregionen der Vysoké Tatry (Hohe Tatra), deren höchste Gipfel bis über 2600 Meter emporragen, breiten sich im äußersten Südosten weite baumlose Ebenen aus.

Subkontinentalklima mit Regionalschwankungen. Die Slowakei hat ein gemäßigtes Klima, das durch kalte Winter mit mittleren Temperaturen von unter –3° C (Januar) und mäßig warme Sommer mit mittleren Temperaturen von unter 20° C (Juli) gekennzeichnet ist. Wärmer ist es in der Donautiefebene, wo der Frühling etwa 40 Tage eher beginnt als in den Bergregionen. An der Donau und in der Südslowakei sind die Niederschläge bis zu viermal geringer als im Gebirge.

Pflanzen- und Tierwelt. Die natürliche Vegetation weist entsprechend den Höhenverhältnissen große Unterschiede auf. In den Bergen finden wir unterhalb der 1000-Meter-Grenze Buchenmischwälder, in den höheren Lagen Fichten, darüber Matten mit alpiner Flora. Für die Südslowakei sind lichte

Rechts oben: Das Dorf Ždiar liegt in einem langgestreckten Tal zwischen Belianské Tatry (Weiße Tatra) und Spišská Magura. Die bemalten, schindelgedeckten Holzgehöfte sind in der traditionellen Blockbauweise der Goralen, eines kleinen Bergvolks, errichtet.

Rechts unten: Kletterrosen säumen das Portal der kleinen Dorfkirche in Polomka in der Nízké Tatry (Niedere Tatra).

Kiefern- und Eichenwälder, Heide, Dorngebüsch und Steppengräser charakteristisch. Auenwälder säumen die Flüsse in der Donauniederung mit Erlen, Pappeln, Eschen und Weiden.

Zum Wildbestand der Karpaten gehören Hirsche, Rehe, Wildschweine, Gemsen und Murmeltiere. In unzugänglichen Gebirgsgegenden kommen Bären, Wölfe, Luchse und Wildkatzen vor. Reich an seltenen Vogelarten ist die Donautiefebene mit der Kormoran-Insel, der Insel der Seeadler und Naturschutzgebieten für Großtrappen und Weißstörche.

Parlament und Verfassung. Die Slowakei entstand am 1. Januar 1993 als einer der beiden Nachfolgestaaten der Tschechischen und Slowakischen Föderativen Republik. Die Verfassung des Landes, die bereits im September 1992 verabschiedet wurde, enthält alle Elemente eines demokratischen Rechtsstaats und einen Katalog der in parlamentarischen Demokratien üblichen Menschen- und Bürgerrechte.

Das Parlament des Landes, der Slowakische Nationalrat, besteht aus 150 Abgeordneten, die in direkter Wahl vom Volk bestimmt werden. Die Verwaltung des Landes gliedert sich in Bezirks- und Kommunalämter. Seit den letzten Wahlen im Herbst 1994 wird das Land von einer Koalitionsregierung geführt, der neben der «Bewegung für eine demokratische Slowakei», der stärksten Partei des Landes, die «Slowakische Nationalpartei» und der im linken Spektrum angesiedelte «Bund der Arbeiter der Slowakei» angehören.

Bevölkerung und Sprache. Von den 5,3 Millionen Einwohnern der Slowakei sind fast 87 Prozent Slowaken, mehr als zehn Prozent Ungarn, 1,2 Prozent Tschechen, 0,8 Prozent Ukrainer und jeweils 0,1 Prozent Polen und Deutsche. Die Zahl der Sinti und Roma, die nicht als eigene Nationalität anerkannt sind, wird auf 300 000 geschätzt.

Rund 60 Prozent der Bevölkerung bekennen sich zum römisch-katholischen, etwa sechs Prozent zum evangelischen Glauben. Griechisch-orthodox ist der ukrainische Bevölkerungsteil. Die offizielle Landessprache ist Slowakisch, im geschlossenen ungarischen Siedlungsgebiet entlang der Donau wird daneben ungarisch gesprochen.

Industrie und Landwirtschaft. Erst nach dem Zweiten Weltkrieg wurde die bis dahin überwiegend agrarische Slowakei industrialisiert. Heute arbeitet ein Drittel der erwerbstätigen Bevölkerung im industriellen Sektor, dessen Schwerpunkte im Maschinenbau, im Hüttenwesen, in der elektrotechnischen, holzverarbeitenden, chemischen und Nahrungsmittelindustrie liegen.

Hauptprodukte der Landwirtschaft sind Weizen, Mais, Kartoffeln, Zuckerrüben, Obst, Gemüse, Wein und Tabak. Die wirtschaftlichen Probleme, mit denen die Slowakei im Übergang zur Marktwirtschaft fertig werden muß, sind nicht gering. Die Privatisierung der Wirtschaft macht jedoch Fortschritte; fast die Hälfte des Bruttosozialprodukts wird inzwischen auf privatwirtschaftlicher Grundlage erzeugt.

Ein Konzert auf dem Altstädter Ring in Prag findet zahlreiche Zuhörer. Zwei Musikkapellen auf einmal sind ja selbst hier, im lebhaften Mittelpunkt der Moldaumetropole, nicht alltäglich.

Unterwegs in Tschechien

Reisen in Tschechien. Das Land ist trotz mancher Tücken des Straßenverkehrs am besten mit dem Auto zu erkunden. Eine Autobahn besteht lediglich zwischen Prag, Brno (Brünn) und Bratislava (Preßburg). Verbindungen von Prag über Plzeň (Pilsen) zur deutschen Grenze sowie ostwärts nach Hradec Králové (Königgrätz) und von Brno nach Olomouc (Olmütz) befinden sich noch im Bau.

Andere verkehrsreiche Teilstrecken sind zu mehrspurigen Fernstraßen ausgebaut. Das hügelige Terrain bedingt viele Kurven und Steigungen, zudem müssen die Landstraßen auch den gesamten Schwerlastverkehr aufnehmen. Es empfiehlt sich daher oft, auf kleinere Nebenstraßen auszuweichen, die nicht nur reizvoller sind, sondern mitunter sogar ein rascheres Vorankommen ermöglichen.

Ohne eigenes Auto hält man sich am besten an das dichte Netz der Autobusverbindungen. Es ist innerhalb des Landes schneller und billiger als das Reisen mit der Bahn. Vor allem erreicht man mit dem Bus selbst die entlegensten Orte. Die beiden Großstädte, Prag und Brno (Brünn), verfügen über internationale Flughäfen; dort – wie in den großen Hotels – gibt es auch Autovermietungen. Stadtrundfahrten kann man bei den Čedok-Reisebüros buchen. Auf der Moldau sind im Sommer Ausflugsschiffe im Einsatz.

Wo übernachtet man? In den großen Städten reicht die Auswahl der Nachtlager vom Luxushotel bis zum einfachen Privatzimmer. Alle Hotels haben zwei Tarife; die Preise für Touristen aus den westlichen Ländern liegen um das Drei- bis Vierfache über jenen für Einheimische. Damit erreichen sie mühelos Westniveau; gemessen am gebotenen Standard können sie es auch übertreffen. Dafür kann man aber vor allem in Prag in historischen Hotels – etwa in den Jugendstilschmuckstücken «Paříž» und «Evropa» – besonders stilvoll wohnen.

In kleineren Städten erlebt man in älteren Hotels mitunter eine Zeitreise in die Vergangenheit. Manche Kleinstadt jenseits der ausgetretenen Touristenpfade hat noch kein Hotel; hier achte man auf Schilder mit der Aufschrift «Zimmer frei» oder frage in der Kneipe am Marktplatz. Übrigens kann man sich in der Regel bedenkenlos den Anbietern von Privatzimmern anvertrauen, von denen man oft schon beim Aussteigen aus den Fernzügen angesprochen wird.

Eine der in ganz Tschechien zahlreichen Folkloregruppen auf dem Platz der Republik, dem Altstadtring von Plzeň (Pilsen). Im Hintergrund die Pestsäule aus dem Jahr 1681 vor dem Renaissancebau des alten Rathauses.

Feste und Veranstaltungen. Das berühmteste tschechische Festival ist wohl der «Prager Frühling», in dem im Mai und Juni auch viele Gast-Orchester, Dirigenten, Opernensembles und Ballett-Truppen aus aller Welt auftreten.

Musik wird das ganze Jahr über an vielen Orten gepflegt: Karlovy Vary (Karlsbad) veranstaltet im März ein Jazzfestival und bietet im Sommer tägliche Kolonnadenkonzerte an; hinzu kommt in den geraden Jahren im Juli ein internationales Filmfestival. Anfang März feiert Plzeň (Pilsen) die Smetana-Tage, im Juni und Juli das Bad Luhačovice (Luhatschowitz) ein Janáček-Festival, im September wiederum Karlovy Vary Dvořák-Festspiele und Teplice (Teplitz) ein Beethoven-Fest. Der Prager Kultursommer bietet im Juli und August zahlreiche Ausstellungen, Konzert- und Theaterveranstaltungen.

Fortsetzung Seite 107

Auf den Fundamenten einer romanischen Kirche ragen die Türme des Petersdoms in den Abendhimmel über Brno (Brünn). Im Vordergrund das Palais Dietrichstein, in dem das mährische Landesmuseum untergebracht ist. Seine größte Kostbarkeit ist die sogenannte «Venus von Westonitz», die älteste künstlerische Plastik der Menschheit. Sie entstand vor annähernd 25 000 Jahren.

Nächste Doppelseite: Der Untere Markt, der Náměstí svobody (Freiheitsplatz), bildet das Zentrum der Unterstadt von Brno (Brünn). Das heutige Geschäfts- und Verkehrszentrum der Altstadt war 1968 und 1989 Schauplatz großer politischer Demonstrationen. Hier trifft man sich am Abend, um sich sehen zu lassen und alte Bekanntschaften wieder aufzufrischen.

uzeniny
drůbež
casino

Das Erzbischöfliche Palais in Olomouc (Olmütz). Die Hauptstadt der Provinz Nordmähren war im 13. Jahrhundert Přemyslidenresidenz und danach ein Zentrum der Gegenreformation. Zur Entschädigung für die Verlegung der Jesuitenuniversität nach Brünn wurde Olmütz 1778 zum Erzbistum erhoben.

Im Mittelpunkt der Altstadt von Olomouc (Olmütz) liegt der von reizvollen Patrizierhäusern umgebene Horní náměstí (Oberring) rund um das Alte Rathaus. Die Stadt an der Morava (March) ist heute wieder Sitz einer Universität und unterhält derzeit drei Theater.

Das neue Rathaus von Brno (Brünn) war ursprünglich ein Dominikanerkloster, das in der Barockzeit umgestaltet wurde. Auf einer Bühne im Innenhof finden Konzerte statt. Das Gitter des 1928 entstandenen Brunnens schmücken Symbole der zwölf Monate.

Nächste Doppelseite: Die südmährische Stadt Mikulov (Nikolsburg) liegt mitten im Weinbaugebiet an der Thaya. Unterhalb des beherrschenden Dietrichsteinischen Schlosses liegt der Altstadtring, der «Fučíkovo náměstí», mit Brunnen und einer Pestsäule.

KOBERCE

LÁTKY BÍLÉ ZBOŽÍ

Die Kreisstadt Svitavy (Zwittau) bei Litomyšl (Leitomischl) ist kein bedeutender Ort. Der Dichter Theodor Fontane schrieb 1870 in einem seiner Reisebriefe über diese verschlafenen Städtchen: «Malerisch wie die böhmischen Dörfer sind auch die böhmischen Städte[...] Daß sie nicht groß sind, tut ihnen keinen Abbruch. Sie sind klein, aber sie sind nicht unbedeutend [...]. Man empfindet etwas von einer alten Kultur; alte Zusammenhänge mit dem Süden, mit Italien werden sichtbar.»

Das südmährische Lednice (Eisgrub) an der Thaya wird so sehr vom Fürstlich Liechtensteinischen Schloß dominiert, daß man beinahe vergißt, daß auch hier die Bürger der gerade 2100 Einwohner starken Gemeinde ein architektonisches Gegengewicht zum feudalen Schloß geschaffen haben. Das Rathaus hinter der Linde ist ein Denkmal ihres Bürgerstolzes.

Mit Spitzbogen und Zinnen im Geist der Neugotik des 19. Jahrhunderts prunkt Schloß Liechtenstein bei Lednice (Eisgrub). Heute befindet sich die Fakultät für Gartenbau der Brünner Universität und ein Landwirtschaftliches Museum in den Wirtschaftsgebäuden.

Nächste Doppelseite: Wahrscheinlich wurde die Weinrebe schon von den Römern in Mähren heimisch gemacht. Die Landschaft bringt leichte und liebliche Tropfen hervor. Die Weinkeller von Petrov sind lange, in die Erde gebaute Tunnel, die dem Most zum Gären und Reifen optimale Bedingungen bieten. Die weiß getünchten Fronten mit ihren leuchtend blauen Sockeln und Blumenmustern geben ein mediterranes Bild.

17

Männer unter sich. Nach Feierabend trifft man sich vor dem Weinkeller zu einem Schoppen und einem zünftigen Kartenspiel.

Ehe sich der Wein in den Fässern geklärt hat, vergehen Monate. Dann der spannende Augenblick der ersten Weinprobe: Erst prüft das Auge, dann kostet vorsichtig die Nase, und schließlich kommt der erste kleine Schluck, der langsam auf der Zunge zergehen muß. Wenn alles zusammenstimmt, ist der Tropfen gelungen.

Im Freilichtmuseum von Rožnov pod Radhoštěm in Nordmähren sind 90 Beispiele der walachischen Holzarchitektur ausgestellt. Die Kirche im Hölzernen Städtchen stammt aus dem kleinen Dorf Větřkovice in der mährischen Walachei (siehe Seite 128). Die Walachen, keltischen Ursprungs, wurden einst am Fuß der Mährisch-schlesischen Beskiden zur Verteidigung gegen türkische und tatarische Überfälle angesiedelt.

Nächste Doppelseite: Ein Meer von zartweißen Blüten, rosa und schwarz gefleckt! Überall in Böhmen und Mähren trifft man auf wogende Mohnfelder, so wie hier bei Olomouc (Olmütz). Der Mohn für Soßen, Strudel und Kuchen ist aus der böhmischen Küche (siehe Seite 86) nicht wegzudenken.

Es sieht gut aus in diesem Jahr! Die Arbeit im Weinberg ist hart und schweißtreibend. Nur an den wind- und frostgeschützten Südhängen lohnt sich die Mühe der Winzer. Von Generation zu Generation werden Wissen und Können der Weinbauern weitergegeben.

Um den Ringplatz von Levoča (Leutschau) im Zipser Land findet man zahlreiche prächtige Renaissancehäuser. In einem der schönsten der arkadengeschmückten Innenhöfe befindet sich das Restaurant des Hotels «Satel».

Reizvolle Folklore-Festivals finden immer am letzten Juni-Wochenende im mährischen Strážnice (Straßnitz) statt und am Wochenende nach dem zehnten August in Domažlice (Taus), wo die Volksgruppe der Choden ihr Fest feiert. Im September treffen sich in Strakonice (Strakonitz) Dudelsackspieler aus aller Welt. Volkstümlich geht es auch bei den zahlreichen herbstlichen Erntedank-, Hopfen- und Weinfesten auf dem Land zu. Nervenstarken Pferdesportliebhabern sei die Große Pardubitzer Steeplechase empfohlen.

Unterwegs in der Slowakei

Reisen in der Slowakei. Der Tourismus verzeichnet seit dem politischen Umbruch des Jahres 1989 erhebliche Zuwachsraten. So kamen 1992 mehr als zehn Millionen ausländische Besucher in das Land. Das Straßennetz der Slowakei ist im ostmitteleuropäischen Vergleich gut ausgebaut und erschließt auch abgeschiedenere Regionen und Ortschaften.

Eine Autobahn bindet Bratislava (Preßburg) über Brno (Brünn) an Prag an, ein weiteres Autobahnstück verläuft von Bratislava nach Norden in Richtung Ostrava (Mährisch-Ostrau) in der Tschechischen Republik. Besonders dicht ist das Netz der Busverbindungen in der Slowakei, jedoch führen drei Viertel der insgesamt rund 2500 Linien nicht über die jeweiligen Bezirksgrenzen hinaus.

Mit der Eisenbahn erreicht man jede größere Stadt des Landes. Etwas mehr als ein Drittel (1370 km) des gesamten Eisenbahnnetzes ist elektrifiziert. Wanderwege durch die Wälder und in den Gebirgen des Landes sind durchweg mit Wegweisern und Orientierungstafeln gut markiert. Von Bratislava aus kann man Schiffsfahrten auf der Donau bis nach Budapest unternehmen.

Vom Ufer des Štrbské pleso (Tschirmer See) öffnet sich ein überwältigender Anblick auf das Panorama des Hauptkammes der Hohen Tatra. Die zahlreichen Bergseen des Massivs werden auch «Meeresaugen» genannt.

Wo übernachtet man? Obwohl das Angebot an Hotels, Motels, Pensionen, Berghütten, Campingplätzen und Ferienwohnungen mit der Zunahme des Fremdenverkehrs deutlich erweitert worden ist und an vielen Orten durch private Unterkünfte ergänzt wird, sind Voranmeldungen grundsätzlich zu empfehlen.

Dies betrifft vor allem die touristischen Zentren und die Erholungsgebiete, die – wie die Tatra-Gebirge und das Gebiet um den Orava(Arva)-Stausee – in hohem Maße auch von der einheimischen Bevölkerung aufgesucht werden. In der Regel gelten für Bürger der Slowakischen Republik und ausländische Touristen unterschiedliche Preiskategorien. Die Aufschläge für westliche Ausländer betragen zwischen 200 und 300 Prozent. Wesentlich preisgünstiger kommt man in Privatzimmern unter. Hier empfiehlt es sich, direkt vor Ort zu fragen.

Feste und Veranstaltungen. In den Sommermonaten finden an vielen Orten der Slowakei Folklorefeste statt. Zu den bekanntesten gehören die Jánošík-Tage im schönen Vrátna-Tal in der Kleinen Fatra und die alljährlich Anfang Juli stattfindenden folkloristischen Festspiele im Freilichttheater von Východná südlich der Hohen Tatra. Das Dorf Detva bei Zvolen (Altsohl) veranstaltet im gleichen Monat ein Folklorefestival der Lieder und Tänze mit Darbietungen auf traditionellen Musikinstrumenten. Im Oktober ist Bratislava (Preßburg) Gastgeber internationaler Jazz-Tage.

Zentrum des Großmährischen Reiches und Ausgangspunkt der Mission der Slawenapostel Kyrill und Method, das Renaissanceschloß von Bučovice (Butschowitz) mit einem italienischen Arkadenhof und gut erhaltenem Freskenschmuck und schließlich Slavkov (Austerlitz), Schauplatz der «Dreikaiserschlacht», in der Napoleon 1805 einen seiner glanzvollsten Siege errang. Auf dem südlich gelegenen Pratecký kopec (Pratzeberg) ehrt ein Jugendstilmahnmal in Form eines altslawischen Grabhügels die Gefallenen.

Route ③: Entlang der nördlichen Randgebirge
Most (Brüx) – Duchcov (Dux) – Ústí nad Labem (Aussig) – Děčín (Tetschen) – Labské pískovce (Elbsandsteingebirge) – Liberec (Reichenberg) – Vrchlabí (Hohenelbe) – Trutnov (Trautenau) – Náchod (Nachod) – Rychnov nad Kněžnou (Reichenau an der Kněžna) – Litomyšl (Leitomischl) – Moravská Třebová (Mährisch-Trübau) – Olomouc (Olmütz). Länge: rund 475 Kilometer.

Diese Route enthält alles, was die Vielfalt des Landes ausmacht: Überwältigende Erlebnisse unberührter Natur, romantische Städtchen und Schlösser, aber auch das ungeschminkte Gesicht moderner Industrielandschaften. Die nordwestböhmische historische Bergbaustadt Most (Brüx) mußte in den siebziger Jahren dem Braunkohletagebau weichen; erhalten blieb nur die Renaissancekirche St. Maria, die man in einer spektakulären Aktion um fast einen Kilometer versetzt hat und die heute ein Museum beherbergt. Kaum 25 Kilometer von hier liegen das Barockschloß Duchcov (Dux), wo Giacomo Casanova viele Jahre lebte, und das sehenswerte mittelalterliche, zum Teil barockisierte Kloster Osek (Ossegg).

Über Teplice (Teplitz; siehe Seite 147) und Ústí nad Labem (Aussig) gelangt man nach Děčín (Tetschen), das sich trotz seiner Industrieanlagen eine hübsche Altstadt bewahrt hat. Wenige Kilometer nördlich, an der polnischen Grenze, ist Hřensko (Herrnskretschen) Ausgangspunkt für Erkundungen des Labské pískovce (Elbsandsteingebirge) mit seinen bizarren Felsformationen. Jenseits des Naturschutzgebiets Lužické hory (Lausitzer Gebirge) erreichen wir Liberec (Reichenberg; siehe Seite 127), seit dem Mittelalter Zentrum der böhmischen Tuchindustrie, und das für die Glasherstellung berühmte Jablonec (Gablonz) am Fuß der Jizerské hory (Isergebirge). Hier lohnt ein Besuch der ständigen und sehenswerten Glasausstellung im Technischen Nationalmuseum.

Weiter im Osten erstreckt sich der Nationalpark Krkonoše (Riesengebirge). Vom Gipfel der Sněžka (Schneekoppe) schweift der Blick – mit etwas Glück – bis zum Praděd (Altvater), nach Hradec Králové (Königgrätz) und manchmal sogar bis Prag. Auf dem Weg nach Trutnov (Trautenau) empfiehlt sich ein Halt in Vrchlabí (Hohenelbe), vor allem wegen der bunt bemalten Holzlaubenhäuser. Im Kurort Janské Lázně (Johannisbad) ist eine schöne Jugendstil-Kolonnade der größte Anziehungspunkt. Den besonderen Reiz von Trutnov macht der Marktplatz um

2

1 *Die tiefen Wälder bei der Elbquelle am Hauptkamm der Krkonoše (Riesengebirge).* – 2 *Um eine Dreifaltigkeitssäule säumen Häuser aus dem 16. und 17. Jahrhundert mit herrlichen Laubengängen den Marktplatz des ostböhmischen Trutnov (Trautenau).* – 3 *Die barocke Heilig-Kreuz-Kirche in Děčín (Tetschen).* – 4 *Die barocke Marienkirche am Marktplatz von Hradec Králové (Königgrätz).* – 5 *Die Kuppeln der Kirche St. Michael über den schmalen Gassen der Altstadt von Olomouc (Olmütz).*

1

4

3

5

Der gotische Dom von Brno (Brünn). Noch vor dem Mittagsläuten wollten die Schweden aufgrund einer Wette 1645 Brünn einnehmen. Der Domglöckner läutete aber schon um elf und die Belagerer zogen ab. Seither läuten die Glocken der Kirche zweimal zu Mittag, um elf und um zwölf Uhr.

Das einzige erhaltene Tor der Altstadt von Bratislava (Preßburg) ist das gotische Michaelertor. Der achteckige Aufbau und das barocke Dach mit der Figur des Hl. Michael wurden erst nachträglich aufgesetzt.

Einkaufsbummel unter den Laubengängen des Marktplatzes von Žilina (Sillein). Die im 13. Jahrhundert gegründete Handelsstadt am Váh (Waag) bewahrt das «Silleiner Buch», die älteste Rechtssammlung in der Slowakei, auf.

den Rübezahlbrunnen aus. Das etwa 40 Kilometer südöstlich, an der Grenze zu Polen gelegene Náchod (Nachod) ist wegen seines Barockschlosses einen Abstecher wert.

Weiter nach Süden führt die Route über die beiden beschaulichen Renaissancestädtchen Nové Měsro nad Metují (Neustadt an der Mettau) und Opočno nach Rychnov nad Kněžnou (Reichenau an der Kněžna). Das ehemals gräflich Kolowratsche Schloß beherbergt eine bemerkenswerte Sammlung böhmischer, niederländischer und italienischer Malerei. Schließlich erreicht man Litomyšl (Leitomischl), den Geburtsort des Komponisten Bedřich Smetana, mit seinem alten, gut restaurierten Stadtkern und einem besonders schönen Renaissanceschloß. Auch Moravská Třebová (Mährisch-Trübau) ist eine wohlerhaltene Renaissancestadt mit regelmäßigem Grundriß und einem beeindruckenden Schloß.

Auf den restlichen Kilometern der Strecke zum Zielort Olomouc (Olmütz; siehe Seite 141) sollte man anstelle der Hauptstraße Nr. 35 die kleineren Straßen südlich davon einschlagen, um dem Barockstädtchen Jevíčko, der neugotisch restaurierten ehemaligen Deutschordensburg Bouzov oder bei Prostějov (Proßnitz) dem bizarren, unvollendeten Barockschloß Plumlov (Plumenau) einen Besuch abzustatten.

Route ④: Von den Beskiden zur Donau

Čadca – Žilina (Sillein) – Martin (Sankt Martin) – Kremnica (Kremnitz) – Žiar (Heiligenkreuz) – Prievidza (Priewitz) – Trenčín (Trentschin) – Piešt'any (Pistyan) – Trnava (Tyrnau) – Bratislava (Preßburg) Länge: rund 450 Kilometer.

Folgt man im nordwestlichen Zipfel der Slowakei bei Čadca dem Flüßchen Kysuca nach Süden, gelangt man nach Žilina (Sillein; siehe Seite 154) mit seinem gut erhaltenen mittelalterlichen Stadtkern, der Pfarrkirche und dem Marktplatz mit schönen Laubenhäusern. Im Osten der Stadt ragen die bizarren Felsmassive der waldreichen Malá Fatra (Kleine Fatra) empor, einst Schlupfwinkel des legendären Räuberhauptmanns und Volkshelden Jánošík.

Das tief eingeschnittene Tal des Váh (Waag) führt flußaufwärts nach Martin (Sankt Martin; siehe Seite 150), dem nationalkulturellen Zentrum des Landes mit dem Slowakischen Nationalmuseum und der Slowakischen Nationalbibliothek.

Auf dem Weg von hier aus nach Süden liegt Kremnica (Kremnitz), ein im Mittelalter aufgrund reicher Gold- und Silbervorkommen blühendes Bergstädtchen mit der St.-Katharinen-Kirche und gotischen Patrizierhäusern.

Über Žiar (Heiligenkreuz) am Hron (Gran) und Prievidza (Priewitz), wo man die Burg Bojnice besuchen sollte, kehrt man bei Trenčín (Trentschin; siehe Seite 153) zu Füßen seiner hoch über der Altstadt thronenden Burg ins Tal des Váh zurück. Eine lateinische Inschrift am Burgfelsen aus dem Jahr 179 n. Chr. erinnert an den Sieg der hier stationierten römischen Legionen über den Stamm der Quaden.

Flußabwärts, vorbei an der sagenumwobenen Burgruine Čachtice, kommt man in das bekannte Rheumabad Piešt'any (Pistyan), dessen Thermalquellen erstmals 1549 erwähnt wurden. Eine Autobahn verbindet den Kurort mit Trnava (Tyrnau; siehe Seite 153). Wegen seiner vielen Kirchen auch als «slowakisches Rom» bezeichnet, wird die Bischofsstadt von den Türmen des St.-Nikolaus-Doms überragt.

Fortsetzung Seite 121

Bratislava (Preßburg; siehe Seite 148 f.) ist das politische, wirtschaftliche und kulturelle Zentrum der Slowakischen Republik. Der alte Stadtkern ist umgeben von Hochhäusern und riesigen Wohnblöcken der neuen Vororte aus der Nachkriegszeit. In der Bildmitte der barocke Turm des alten Rathauses, links daneben die turmlose Jesuitenkirche mit dem kleinen Dachreiter am Hlavné námestie, dem Hauptplatz in der Altstadt.

Nächste Doppelseite: Das Alte Rathaus von Bratislava (Preßburg) ist im Lauf der Jahrhunderte aus mehreren Bürgerhäusern zusammengewachsen. Durch einen gotischen Durchgang gelangt man in das malerische Atrium. Renaissancearkaden säumen den weitläufigen Hof. Das Gebäude beherbergt zusammen mit dem anstoßenden Palais Appónyi seit dem Jahr 1948 das Städtische Museum.

Die Orava-Region (siehe Seite 150) im Norden der Slowakei ist ein rauher und karger Landstrich. Am Unterlauf der Orava (Arwa), einem Nebenfluß des Váh (Waag), erhebt sich die Burg Oravský hrad. Die restaurierte Festung bietet den zahlreichen Besuchern nicht nur einen weiten Ausblick über das Tal, sondern auch ein vielbesuchtes heimatkundliches Museum.

Bauern, Hirten und Flößer bewohnten traditionell das dünnbesiedelte Orava-Tal. Die Landwirtschaft ist bis heute der wichtigste Erwerbszweig geblieben. Moderne Technik hält erst langsam Einzug. Aber ob mit oder ohne Maschinen, ein Heufuder richtig zu beladen, will immer gelernt sein.

Links: Traditionelle Holzarchitektur kann man noch in der ganzen ländlichen Slowakei finden. Das Dorf Čičmany im Tal der Rajcana westlich der Malá Fatra ist für seine einheitliche Bauweise berühmt.

Rechts: Besitzerstolz! Die Außenwände der langgestreckten Holzhäuser sind bis zu den schindelgedeckten Walmdächern mit weißen Ornamenten bemalt. Die Muster und Ornamente findet man auch auf den Trachten und reich bestickten Tüchern wieder.

Heckenrosen umgeben die kleinen Vorgärten. Der ungewöhnliche Fassadenschmuck hat sich aus der Technik entwickelt, das Holz an den Außenwänden durch Bemalen mit Kalk dauerhaft zu konservieren.

Nächste Doppelseite: Das Orava-Tal gehörte schon immer zu den ärmeren Regionen der Slowakei. Die einsamen Wälder und Berge ziehen heute viele Naturliebhaber und Wanderer an.

Das alte Bergbaustädtchen Handlová liegt nicht weit von Kremnica (Kremnitz) zwischen den Tälern des Hron (Gran) und der Nitra (Neutra). Heute wird dort Braunkohle abgebaut. Die ursprünglich gotische Kirche mit der hölzernen Turmbrüstung unter dem Zwiebelhelm wurde im Zweiten Weltkrieg schwer beschädigt und danach wieder liebevoll restauriert.

Nach weiteren knapp 50 Kilometern in südwestlicher Richtung erreicht man an der Donau die Hauptstadt Bratislava (Preßburg; siehe Seite 148), beherrscht von ihrem viertürmigen Burgschloß, jetzt Residenz des Staatspräsidenten. Von der Schönheit des «alten Preßburg» zeugen immer noch zahlreiche historische Bauten, darunter das Alte Rathaus, das Michaelertor, der St.-Martins-Dom und viele prächtige Adelspaläste. Unweit von Bratislava erhebt sich über der Donau die malerisch gelegene Grenzburgruine Devín (Theben).

Route ⑤: Durchs mittelslowakische Bergland

Bratislava (Preßburg) – Nitra (Neutra) – Levice (Lewenz) – Banská Štiavnica (Schemnitz) – Banská Bystrica (Neusohl) – Poprad (Deutschendorf) – Levoča (Leutschau) – Spišská Nová Ves (Zipser Neudorf) – Prešov (Preschau) – Košice (Kaschau). Länge: rund 500 Kilometer.

Von Bratislava (Preßburg; siehe Seite 148) führt die E 57 über Sered' nach Nitra (Neutra; siehe Seite 150), im 9. Jahrhundert ein Zentrum der Slawenmission. Die Altstadt birgt neben der Kathedrale und dem Erzbischöflichen Palais viele weitere Sehenswürdigkeiten. Etwa 50 Kilometer weiter ostwärts erreicht man nach Überquerung des Hron-Tales (Gran) und hinter Levice (Lewenz) das Bergland um Banská Štiavnica (Schemnitz), wo vom 14. bis 16. Jahrhundert Gold und Silber geschürft wurden. Zum historischen Kern der Stadt gehören unter anderem das Alte und das Neue Schloß, beides Festungen gegen die Türken, die Katharinen- und die Nikolauskirche sowie zahlreiche ursprünglich gotische Bürgerhäuser am Marktplatz.

Dem Bergbau verdankte einst auch Banská Bystrica (Neusohl; siehe Seite 148) seinen Aufschwung. Mittelpunkt der Stadt ist der brunnengeschmückte Marktplatz mit prächtigen Bürger- und Patrizierhäusern. Durch das Tal des Hron, im Norden vom Gebirgsmassiv der Niederen Tatra und im Süden vom waldreichen Slowakischen Erzgebirge begleitet, gelangt man über Švermovo (früher Tel'gárt) nach Poprad (Deutschendorf), dem Tor zur Hohen Tatra (siehe Seite 153), deren höchste Gipfel über 2600 Meter aufragen. Hier sollte man den Vorort Spišská Sobota (Georgenberg) besuchen, der sich den Charakter eines mittelalterlichen Handwerkerstädtchens bewahrt hat.

Wenige Kilometer im Osten findet man in Levoča (Leutschau) die wohl besterhaltene mittelalterliche Stadt der Slowakei, deren eindrucksvollstes Bauwerk das 1615 im Renaissancestil erneuerte Rathaus mit Arkaden und Glockenturm ist. Nicht weit entfernt liegt Spišská Nová Ves (Zipser Neudorf) im Tal des Hornád (Kundert). Der eindrucksvolle Marktplatz wird vom mächtigen Bau eines klassizistischen Rathauses beherrscht. Östlich von Levoča passiert man bei Spišské Podhradie (Kirchdrauf) den Dom des Spišská Kapitula (Zipser Kapitel) und die mächtige Ruine der alten Spišský hrad (Zipser Burg), die der Region den Namen gab.

Über Prešov (Preschau; siehe Seite 152), den Mittelpunkt der «Šariš»-Region und kulturelles Zentrum der ukrainischen Minderheit des Landes, kommt man auf dem Weg nach Süden in die ostslowakische Metropole Košice (Kaschau; siehe Seite 149). Rings um die größte Kirche der Slowakei, den St.-Elisabeth-Dom, und den zentral gelegenen Freiheitsplatz findet man hier eine Reihe prunkvoller Bauten wie das Komitatshaus, das Staatstheater und das Bischöfliche Palais.

Hinter dem Renaissance-Rathaus von Levoča (Leutschau) ragt die Pfarrkirche St. Jakob empor. Der geschnitzte spätgotische Hochaltar des Meisters Paul von Leutschau mit 18 Metern Höhe gilt als das bedeutendste Kunstwerk des Zipser Landes.

In der Mitte des Marktplatzes von Banská Bystrica (Neusohl) ein schwarzer Obelisk aus schwedischem Granit: Das Denkmal für den Slowakischen Nationalaufstand, der hier am 29. August 1944 begann (siehe Seite 66).

Košice (Kaschau) ist die größte Stadt der Ostslowakei. Ihr Mittelpunkt ist der langgestreckte, brunnengeschmückte Hauptplatz mit dem 1898 errichteten Nationaltheater.

Links oben: Am Krautmarkt von Brno (Brünn) herrscht reges Treiben beim Einkauf.

Links unten: Drei steinerne Atlanten tragen auf ihren Schultern den Balkon eines klassizistischen Bürgerhauses in Brno (Brünn).

Sehenswerte Orte und Landschaften in Tschechien von A bis Z

Ziffern im Kreis verweisen auf die Karte auf Seite 155.

Brno (Brünn) ①. Die Hauptstadt Mährens, mit knapp einer halben Million Einwohnern die zweitgrößte Stadt des Landes, trägt ihre reiche Geschichte eindrucksvoll zur Schau. Die älteste Burganlage befand sich auf dem Petersberg am südlichen Rand der Altstadt, wo sich heute der *Dom* und der *Bischofspalast* erheben. Neuer Burgsitz wurde schon im 13. Jahrhundert der Spielberg westlich des Stadtkerns. Diese *Zitadelle*, die ehemalige Residenz der Markgrafen von Mähren, diente der Habsburgermonarchie als Staatsgefängnis, dessen Verliese und Kasematten besichtigt werden können. Den verwinkelten Stadtkern zu Füßen des Spielbergs umgürten an der Stelle der früheren Mauern großzügige Ringanlagen, entstanden im 19. Jahrhundert nach dem Vorbild der Wiener Ringstraße.

Die betriebsame Altstadt gruppiert sich um zwei unregelmäßige Plätze. Der südliche von beiden, der *Zelný trh (Krautmarkt)* mit dem figurenreichen *Parnaß-Brunnen* von Johann Bernhard Fischer von Erlach und einer *Dreifaltigkeitssäule* dient noch heute als Markt. Im ehemaligen *Palais Dietrichstein* ist das Mährische Landesmuseum untergebracht, wo die berühmte *Venus von Westonitz* aus der Steinzeit ausgestellt ist.

Das *Alte Rathaus* am Dominikánské náměstí (Dominikaner-Platz) schmückt ein *spätgotisches Portal* mit skurrilen Türmchen, ein Werk des Meisters Pilgram aus dem Jahr 1511, der, so will es die Legende wissen, den Großteil seines Lohnvorschusses in Wein angelegt haben soll. Über dem Durchgang hängt seit dem frühen 17. Jahrhundert der sogenannte *Drache von Brünn*, ein sagenumwobener ausgestopfter Alligator. Außerhalb des Altstadtbereichs findet man viele Villen, darunter hochrangige Bauten der klassischen Moderne, wie die *Villa Tugendhat* des Avantgarde-Architekten Ludwig Mies van der Rohe in der Straße Černopolní Nr. 45.

Mitte: Das dreitürmige Rathaus am Ring von České Budějovice (Budweis).

Rechts oben: Die Burgruine Trosky im Český ráj (Böhmisches Paradies) bei Turnov (Turnau).

Rechts unten: Petri Heil am Fuß der Burg von Český Krumlov (Krumau)! Der Oberlauf der Moldau gilt als ausgezeichnetes Forellenrevier.

České Budějovice (Budweis) ②. Die alte südböhmische Stadt, die ihren Wohlstand einer Münze, der Fischzucht und der Braukunst verdankte, hat ihren historischen Charakter bis heute bewahren können: Das Oval der alten, schachbrettartig angelegten Stadtanlage wird von der Malše (Maltsch) und einem ihrer Nebenarme umschloßen. Die eng bebaute Altstadt mit ihren stil- und formenreichen Bürgerhäusern rund um den beeindruckenden *Marktplatz* (siehe Seite 15) zeugt noch heute von diesem einstigen Wohlstand.

Český Krumlov (Krumau) ③. Das malerische Städtchen liegt in einer Doppelschleife der Moldau, überragt von einem alten *Schloß*. Hier scheint die Zeit fast stehen geblieben zu sein. Zu Reichtum kam Český Krumlov im späten Mittelalter unter der Herrschaft der Herren von Rosenberg durch den Silberbergbau. Ihm verdankt es seine zahlreichen *spätgotischen* und *Renaissancehäuser*, die zum Teil mit Arkaden und prächtigen Fassadenmalereien geschmückt sind.

Das im 16. Jahrhundert zuletzt umgebaute Schloß ist neben dem Prager Hradschin das größte in Böhmen. In der Vorburg, dem Latrán, befinden sich ein *Doppelkloster* der Minoriten und Klarissen sowie das *ehemalige Zeughaus* und spätere Brauhaus der Rosenberger. Zum Schloß gehört ein prachtvoller *Park* mit einem barocken Lustschlößchen.

Český ráj (Böhmisches Paradies) ④. Dieses älteste Naturschutzgebiet der früheren Tschechoslowakei ist eine Insel fast unberührter Natur im dem von Industrie und Tourismus geschundenen Norden Böhmens. Das Dorado für Wanderer, Liebhaber wildromantischer Felsenlandschaften und verwunschener Burgen liegt zwischen Liberec (Reichenberg), Turnov (Turnau), Jičín (Jitschin) und Mnichovo Hradiště (Münchengrätz), wo Wallenstein begraben liegt.

Früher war diese Region berühmt als Fundstätte für verschiedene Edel- und Halbedelsteine und ist bis heute Herkunftsort der Granate für den hier typischen Schmuck geblie-

ben. Die interessantesten touristischen Ziele sind im Norden die gotische *Burg Valdštejn*, der Stammsitz Wallensteins, die gut erhaltene *Burg Kost* im Süden und die auf den zwei Felsen Panna (Jungfrau) und Baba (Alte) aufragende *Burg Trosky* im Südosten des Gebiets. Die lohnendsten Wanderungen gelten den bizarren «Felsenstädten» bei der *Burg Hrubá Skála* (Groß-Skal) mit ihren 220 Sandsteintürmen, sowie den urtümlichen *Prachovské Skály (Prachower Felsen)* und ihren tiefen Schluchten und Grotten im Südosten.

Domažlice (Taus) ⑤. Das Böhmerwaldstädtchen Domažlice (Taus) ist Mittelpunkt des Siedlungsgebietes der Volksgruppe der Choden (von «chodit», tschechisch für «gehen»), deren Traditionen und Bräuche hier auf einem alljährlich im August stattfindenden volkskundlichen Festival gepflegt werden. Die Choden, Bewacher der Grenze im Böhmerwald, waren ein stolzes, dank weitreichender Privilegien freies Volk.

Die in der Renaissancezeit ausgebaute *Burg* beherbergt heute ein Heimatmuseum mit reichen Sammlungen zur Volkskunst und Kultur der Choden. In der Stadt ist vor allem der *Marktplatz* mit seinen liebevoll restaurierten *Laubenhäusern* aus der Barock- und der Empirezeit und dem mittelalterlichen *Unteren Tor* einen Besuch wert. Weitere Akzente setzen das im Neorenaissancestil erbaute *Rathaus*, die gegenüberliegende *Barockkirche Mariä Geburt* von Kilian Ignaz Dientzenhofer und der Barockbau des *Augustinerklosters*.

Františkovy Lázně (Franzensbad) ㊸. Siehe Seite 42.

Kurz vor der Mündung der Teplá (Tepl) in die Ohře (Eger) liegt inmitten des Smetanaparks das Badehaus V von Karlovy Vary. Insgesamt werden in Karlsbad zwölf heilkräftige Quellen genutzt. Der im Kurort hergestellte Kräuterlikör «Becherovka» wird scherzhaft als die dreizehnte «Heilquelle» bezeichnet.

Hradec Králové (Königgrätz) ⑥. Im Mittelalter Leibgedingestadt der böhmischen Königinnen, ist Hradec Králové heute Verwaltungszentrum der Region Ostböhmen. Die Altstadt liegt auf einer steilen Anhöhe, an deren Südflanke noch Reste der ehemaligen Befestigungswerke erhalten sind. Um den dreieckigen *Marktplatz* mit einer *Pestsäule* gruppieren sich der frühgotische Backsteinchor der *Kathedrale*, die barocke *Jesuitenkirche*, das klassizistische *Rathaus* und die *Bischöfliche Residenz* mit einer Galerie moderner böhmischer Malerei.

Die 1878 errichtete Marktkolonnade von Karlovy Vary (Karlsbad), ein mit Schnitzereien verzierter Holzbau. Im Hintergrund der 1608 errichtete Schloßturm, Relikt eines von Kaiser Karl IV. gebauten Jagdschlosses.

An heißen Sommertagen bleibt man lieber im Schatten! Unter den Säulen der Mühlbrunnkolonnade in Karlovy Vary (Karlsbad) ist es kühler. Der Platz vor der Kolonnade wurde in der Nachkriegszeit durch eine Überbauung der Teplá geschaffen.

Am Elbufer steht mit dem von 1909 bis 1912 durch Jan Kotěra erbauten *Museum* eines der besten Beispiele der tschechischen Jugendstilarchitektur. Jenseits des Flusses erstreckt sich die Neustadt, die in den zwanziger Jahren nach Plänen von Josef Gočár einheitlich geplant und bebaut wurde.

Karlovy Vary (Karlsbad) ⑦. Der bedeutendste Kurort im böhmischen Bäderdreieck ist heute von Prunkbauten aus dem ausgehenden 19. Jahrhundert geprägt. Der traditionsreiche Kurbezirk liegt im Tal der Teplá (Tepl), deren Uferstraßen seit jeher den Corso bilden. Stadtzentrum ist der terrassenförmig angelegte Markt *Tržiště* mit mehreren Brunnenpavillons, darunter der holzgeschnitzten *Marktkolonnade* und einer barocken *Dreifaltigkeitssäule*.

Etwas darüber erhebt sich die *Schloßkolonnade*, ein zierlicher Jugendstilbau aus Gußeisen. Am gegenüberliegenden Ufer der Teplá befindet sich der moderne Bau der *Sprudelkolonnade* mit der heißesten Quelle Karlsbads, einem hoch aufschießenden, pulsierenden Strahl. Gleich in der Nachbarschaft liegt die barocke *Maria-Magdalenenkirche* von Kilian Ignaz Dientzenhofer. Nördlich des Marktes gelangt man zur *Mühlbrunnkolonnade*, einer Säulenhalle von strenger Eleganz, erbaut vom Architekten des Prager Nationaltheaters, Josef Zítek.

Im Süden der Stadt reihen sich prachtvolle, aufwendig restaurierte Kur- und Hotelbauten aneinander, am berühmtesten davon ist wohl das monumentale «*Grandhotel Pupp*». Weitläufige Parkanlagen, die man vom Hotel aus mit einer Seilbahn erreichen kann, überziehen die dahinter aufsteigenden Hänge.

Karlštejn (Karlstein) ⑧. Diese berühmteste Burg Böhmens im seinerzeit unwegsamen Hügelland an der Berounka (Beraun) südwestlich von Prag wurde zwischen 1348 und 1357 von Kaiser Karl IV. zur Aufnahme der böhmischen Krönungsinsignien und der Reichskleinodien gebaut. Entsprechend ihrer Bestimmung liegt am höchsten Punkt der Burganlage die *Kapelle des Heiligen Kreuzes* im Großen Turm, die gleichsam das Allerheiligste des Reiches war.

Sie trägt eine Wandverkleidung von Halbedelsteinen aus dem «Böhmischen Paradies» mit 127 quadratischen Heiligenbildnissen aus dem 14. Jahrhundert. Im niedrigeren Marienturm befindet sich die ehemalige *Kapitelkirche* mit spätmittelalterlichen Wandmalereien sowie die kostbar ausgestattete *Katharinenkapelle*, die Privatkapelle Karls IV.

Kroměříž (Kremsier) ⑨. Die Barockstadt verdankt ihren Aufstieg den Bischöfen von Olomouc (Olmütz), die hier nach dem Dreißigjährigen Krieg ihre Sommerresidenz errichteten. 1848/49 tagte das Österreichische Revolutionsparlament in Kremsier und verabschiedete die erste Verfassung der Habsburgermonarchie.

Die malerische kleine Altstadt mit ihrem laubengesäumten Marktplatz bildet gleichsam den Vorhof des ausgedehnten *Schloßbezirks*. In der *bischöflichen Residenz* befindet sich eine herausragende Gemäldesammlung mit Werken von Tizian, Veronese, Cranach, Brueghel und van Dyck. Nicht entgehen lassen sollte man sich einen Spaziergang durch den weitläufigen englischen *Schloßpark* und einen Besuch des barocken Blumengartens im Südwesten des Stadtkerns.

1

2

Kutná Hora (Kuttenberg) ⑩. Wohlstand und Bedeutung des Ortes gründeten auf dem seit dem 13. Jahrhundert betriebenen Silberbergbau. Die Stadt war königliche Münzstätte und zeitweise auch Sitz der böhmischen Könige.

Die *Barbarakirche* ist das wohl wichtigste Baudenkmal der böhmischen Spätgotik. Die fünfschiffige Basilika mit ihren charakteristischen drei zeltförmigen Dächern und einem imposanten Netzgewölbe wurde zwischen dem ausgehenden 14. und dem 16. Jahrhundert von Peter Parler, Benedikt Ried und Mathias Rejsek errichtet.

Der *Welsche Hof* neben der gotischen *Kirche St. Jakob*, die ehemalige Münze und königliche Residenz, wurde um 1300 für italienische Münzmeister erbaut. Am Rejskovo náměstí (Rejsek-Platz) hat sich ein *spätgotischer Steinbrunnen* erhalten, am Svatováclavské náměstí (Wenzelsplatz) befindet sich das reich geschmückte spätgotische «*Steinerne Haus*».

3

1 *Das Städtchen Valtice (Feldsberg) liegt mitten im südmährischen Weinbaugebiet. Im Bildhintergrund die barocke Pfarrkirche.*

2 *und* 3 *Im fürstlich Liechtensteinischen Schloß von Valtice (Feldsberg) findet man prunkvoll eingerichtete Innenräume.*

Mit der *Kirche des hl. Johannes von Nepomuk* und dem *Ursulinenkloster* besitzt Kutná Hora auch zwei hochrangige Werke des Barock, erbaut von František Maximilián Kaňka und Kilian Ignaz Dientzenhofer.

Lednice (Eisgrub) ⑪. Auf Romantiker wird der Landstrich an der Dyje (Thaya) in Südmähren große Anziehungskraft ausüben. Im frühen 19. Jahrhundert ließ die fürstliche Familie Liechtenstein das sumpfige Tal zwischen Břeclav (Lundenburg), Valtice (Feldsberg) und Lednice (Eisgrub) zu einer lieblichen Teich- und Gartenlandschaft mit mehreren prächtigen Herrschaftssitzen umwandeln.

Am Nordrand von Lednice liegt das große *Fürstlich Liechtensteinische Schloß*, ein Märchenbau in englischer Neugotik mit Türmchen, Giebeln und plastischen Ornamenten. Im Inneren haben sich die reich geschnitzten Holzverkleidungen sowie eine bemerkenswerte freitragende Treppe gut erhalten.

Liberec (Reichenberg) ⑫. Seit dem Mittelalter Zentrum der nordböhmischen Textilerzeugung, wurde der Ort im 19. Jahrhundert zum bedeutendsten Industriestandort der deutsch-

4

4 *Am Nordrand von Lednice (Eisgrub) an der Dyje (Thaya) liegt ein weiteres Schloß der ehemaligen Fürsten von Liechtenstein: Ein neugotischer Bau mit Spitzbogen und Zinnen.*

5 *Im 1845 errichteten Gewächshaus von Schloß Lednice (Eisgrub): Palmen und tropische Farne.*

5

sprachigen Randgebiete Böhmens. Die alte Fachwerkbebauung, von der am Sokolovské náměstí noch Teile erhalten sind, mußte im 19. Jahrhundert großen Mietshäusern weichen.

Im Zentrum, am Dr.-E.-Beneš-Platz, wurde ein imposantes *Rathaus* im Stil der «deutschen Renaissance» und ein neubarockes *Theater* errichtet. Die verwinkelte Altstadt war schon um 1800 um ein klassizistisches Wohnviertel hinter dem *Schloß* am Zámecké-Platz und später durch ein angrenzendes Villenviertel erweitert worden. An dessen Hauptstraße liegt das *Nordböhmische Museum*, das die Tradition und den hohen Standard der regionalen Industrie dokumentiert.

Litoměřice (Leitmeritz) ⑬. Die vormals königliche Stadt liegt am Zusammenfluß von Eger und Elbe inmitten eines fruchtbaren Obst- und Gemüseanbaugebietes am Südrand des Böhmischen Mittelgebirges. Um das Zentrum am *Markt* mit

Auf den Stufen des Rathauses von Liberec (Reichenberg) gibt ein Orchester in historischen Uniformen ein Konzert. Reichenberg war seit dem Mittelalter das Zentrum der nordböhmischen Tuch- und Wollerzeugung.

zahlreichen Bürgerhäusern aus Renaissance, Barock und Klassizismus gruppiert sich ein einzigartiges *Ensemble von Barockkirchen,* die nach Errichtung des Bistums 1655 bis zur Mitte des 18. Jahrhunderts in seltener stilistischer Geschlossenheit von den hier ansässigen, aus Italien stammenden Architekten Giulio und Oktavian Broggio erbaut wurden.

Nur drei Kilometer südlich, jenseits der Elbe, liegt *Terezín (Theresienstadt).* Am Ende des 18. Jahrhunderts von Kaiser Joseph II. als Festung gegründet, wurde es innerhalb kurzer Zeit zu einer «Musterstadt» der städtebaulichen Ideen der Aufklärung ausgebaut. In zynischer Wendung der Geschichte erlangte Terezín während der deutschen Besatzungszeit als Vorzeige-Konzentrationslager Berühmtheit. Im Fort, das schon im 19. Jahrhundert als Staatsgefängnis diente, ist eine antifaschistische *Gedenkstätte* mit KZ-Museum eingerichtet.

Mariánské Lázně (Marienbad) ㊹. Siehe Seite 42.

Mělník (Melnik) ⑭. Der Fürstlich Lobkowitzsche Stammsitz Mělník (Melnik) ist die Wiege des Weinbaus in Böhmen. Die ersten Reben ließ Kaiser Karl IV. im 14. Jahrhundert aus Burgund importieren und auf den besonnten Hängen über der Elbe und Moldau anpflanzen.

Ihren besonderen Reiz verdankt die Stadt mit der gotischen *Propsteikirche St. Peter und Paul* und dem schönen *Renaissanceschloß* der Fürsten von Lobkowitz ihrer Lage auf einer Anhöhe am Zusammenfluß der beiden böhmischen Hauptflüsse, Labe (Elbe) und Vltava (Moldau).

Die alte, aus Holz errichtete Gaststätte «Zum letzten Groschen» steht heute im Hölzernen Städtchen des Walachischen Freilichtmuseums von Rožnov pod Radhoštěm.

Moravské Valašsko (Mährische Walachei) ⑮. Die reizvolle Region am südlichen Fuß der Moravskoslezské Beskydy (Mährisch-schlesische Beskiden) ist ein Landstrich mit ausgeprägter folkloristischer Tradition und nicht zuletzt deshalb ein beliebtes Urlaubsgebiet.

Hauptattraktion ist das *Freilichtmuseum* bei Rožnov pod Radhoštěm (Roznau am Radegast). In einem weitläufigen Landschaftspark mit altem Baumbestand präsentiert es an die hundert historische Holzbauten aller Art mit volkstümlichem Inventar aus der ganzen mährischen Walachei. In den Sommermonaten werden hier alte Bräuche in zahlreichen Veranstaltungen zu neuem Leben erweckt. Ein nahes Ausflugsziel ist der sagenumwobene Berg Radhošť (Radegast).

Moravský Kras (Mährischer Karst) ⑯. Ein einzigartiges Erlebnis ist die Erkundung des Karstgebietes im Nordosten von Brno (Brünn). Die zerfurchte, karge Landschaft mit ihrer charakteristischen kalkliebenden Vegetation wird von unterirdischen Flußläufen durchzogen, die ein weit verzweigtes, bis heute noch nicht vollständig erforschtes System von Tropfsteinhöhlen und Felsendomen ausgebildet haben.

Hauptfluß der zerklüfteten Karstlandschaft ist die Punkva, deren Höhlen- und Grottenlabyrinth zum Teil auf Booten zu besichtigen ist. Am Ende der Tour gelangt man in den Macocha-Abgrund, eine eingestürzte Höhle, deren Steilwand bis zu 140 Metern hoch aufsteigt. Ein schaurig-großartiger Blick bietet sich von der Brücke auf schwindelnder Höhe, die man auf einem Serpentinenweg erklimmen kann, über die zerklüftete Landschaft und hinab in die Tiefe.

Fortsetzung Seite 141

Das Bergstädtchen Dobšiná (Dobschau) ist Ausgangspunkt für Wanderungen in das Slovenský raj (Slowakisches Paradies; siehe Seite 152) im slowakischen Erzgebirge. Leitern und Seile ermöglichen den Zugang zu den engen Schluchten und Wasserfällen des zernagten Kalksteinplateaus.

Nächste Doppelseite: Štrbské pleso (Tschirmer See) am Fuß der Hohen Tatra (siehe Seite 153 f.) war 1970 Austragungsort der Skiweltmeisterschaften. Die Sanatorien und Hotels am Südrand des größten der Tatra-Seen stammen zum Teil noch aus der Zeit, als Štrbské pleso im Jahr 1881 als Kurort entstand.

Vier Jahrzehnte Sozialismus haben der tief verwurzelten Volksfrömmigkeit und der Pflege der alten Bräuche in der Slowakei kaum etwas anhaben können. So wie diese alte Bäuerin trägt man auf dem Land noch ganz selbstverständlich Tracht auf dem Weg zum Sonntagsgottesdienst.

Rast im Slovenský raj (Slowakisches Paradies). Am Rand der vielen Wanderwege bieten sich immer wieder romantische Ausblicke auf die Täler und Wälder des Slowakischen Erzgebirges.

In den Bergdörfern der Pieniny (siehe Seite 150) gehören die Straßen noch nicht den Autos allein. Hier, am Červený Kláštor (Rotes Kloster), ist noch Zeit für einen Plausch über das Woher und das Wohin.

Nächste Doppelseite: Košice (Kaschau), ist die zweitgrößte Stadt der Slowakei. Um den langgestreckten Hauptplatz Hlavné námestié gruppieren sich die Sehenswürdigkeiten der Stadt. Hinter der klassizistischen Fassade eines Bürgerhauses die Turmspitzen der Franziskanerkirche.

DOM POTRAVÍN
Marlboro

Drogéria
Lekáreň
AVICENA

Oben und unten: Die Hohe Tatra bietet vielfältige Wintersportmöglichkeiten. Die Sesselbahn von Tatranská Lomnica führt hinauf zu den Skigebieten zu Füßen des Lomnický štít (Lomnitzer Spitze), dem zweithöchsten Gipfel des Hochgebirges. Nach der Abfahrt erholt man sich in einer der Skihütten; hier die Hütte des Bergrettungs- und Führerdienstes.

Von Starý Smocovec führen Seilbahnen über die Schutzhütte Bilíkova Chata bis auf den Gipfel des Hrebienok. Von hier hat man den besten Ausblick auf das Massiv der Lomnitzer Spitze (2632 m).

Nächste Doppelseite: Die schneebedeckten Granitwände der Kežmarský štít (Käsmarker Spitze mit 2558 Metern Höhe). Auf einer Kammlänge von 26 Kilometern überragen in der Hohen Tatra 20 Gipfel die Höhe von 2500 Metern.

Starý Smokovec (Altschmecks) am Fuß des Slavkovský štít (2452 m) wurde Ende des 19. Jahrhunderts wegen seiner Mineralquellen als Kurort gegründet. Seit 1912 durch eine Schmalspurbahn mit Poprad (Deutschendorf), mit dem Tschirmer See und Tatranská Lomnica verbunden, ist es Mittelpunkt der Wintersportgebiete der Hohen Tatra. Das Grandhotel wurde 1904 errichtet.

Am südlichen Rand des Karstes liegt die *Wallfahrtskirche Křtiny (Kiritein)*, ein bedeutendes Denkmal der eigenwilligen «Barockgotik» des Architekten Giovanni Santini-Aichel. Einen Besuch lohnt auch das im Nordwesten gelegene *Rokoko-Schloß Rájec (Raitz)* mit seinem schönen Landschaftsgarten und einer bemerkenswerten Sammlung barocker Gemälde.

Die St.-Bartholomäuskirche von Pardubice (Pardubitz) wurde um 1520 von italienischen Meistern im Stil der Renaissance umgebaut.

Olomouc (Olmütz) ⑰. Die einstige Hauptstadt der Markgrafschaft Mähren erlebte ihre Hochblüte im Zeitalter des Barock. Im Stadtzentrum liegt der weitläufige, von bemerkenswerten Palästen gesäumte Horní náměstí (Oberring), in dessen Mitte sich das *Renaissance-Rathaus* mit seinem hohen Aussichtsturm und einem repräsentativen Portalbau erhebt.

Nördlich davon finden wir die festungsartige gotische *Mauritiuskirche* mit einer schönen Barockorgel des Breslauer Orgelbauers Michael Engler. Weitere prunkvolle Barockkirchen sind *St. Michael* und die *Jesuitenkirche Maria Schnee*. Ein einzigartiges Juwel ist die *Jugendstil-Villa Primavesi* in der Nachbarschaft der Michaelskirche.

Charakteristisch für Olomouc sind die insgesamt sechs *mythologischen Brunnen* und zwei Pestsäulen, von denen diejenige vor dem Rathaus die größte im Land ist. Der in einem Park am nordöstlichen Rand der Altstadt gelegene Domkomplex um die erzbischöfliche neugotisch umgebaute *Kathedrale* mit einem schönen Kreuzgang enthält noch Reste einer frühmittelalterlichen Přemyslidenresidenz.

Pardubice (Pardubitz) ⑱. Das ostböhmische Pardubice (Pardubitz) ist in seinem Kern eine einheitlich geplante und gut erhaltene Renaissancestadt. Im 16. Jahrhundert ließen die Herren von Pernstein die alte Wasserburg von italienischen Baumeistern durch das in einen Park eingebettete *Schloß* mit schönem Arkadenhof ersetzen.

Der Turm der St.-Anna-Kirche hinter den Fassaden am Platz der Republik in Plzeň (Pilsen).

Den kleinen Marktplatz, der zu Recht der «Salon» genannt wird, schmücken eine *barocke Pestsäule* und das im 19. Jahrhundert erneuerte *Rathaus*. Am náměstí Republiky (Platz der Republik) setzen die Renaissancekirche *St. Bartholomäus*, an seinem südlichen Ende das *Jugendstiltheater* und in der Mitte das *Grüne Tor* aus dem 16. Jahrhundert die wichtigsten Akzente.

Plzeň (Pilsen) ⑲. Seinen heutigen Ruf verdankt Plzeň vor allem den erfolgreichen Neuerungen im Brauwesen des 19. Jahrhunderts sowie den 1869 gegründeten Škoda-Werken, die bis heute zu den wichtigsten Industriebetrieben der Tschechischen Republik zählen. 1295 von König Wenzel II. am Kreuzungspunkt wichtiger Handelsstraßen gegründet, hat die westböhmische Bezirkshauptstadt eine reiche Geschichte.

Dokumentiert wird dies vor allem durch den regelmäßigen Rechteckgrundriß der Altstadt mit dem größten *Ringplatz* Böhmens. Die *Bartholomäuskirche* ist ein imposanter spätgotischer Bau. Vom 103 Meter hohen Westturm bietet sich eine weite Aussicht.

Besondere Beachtung verdient auch die im ausgehenden 19. Jahrhundert angelegte Ringstraße mit ihren Parkanlagen und einer Reihe städtischer Repräsentationsbauten. Hervorzuheben sind besonders das *Große Theater*, das *Westböhmische Museum* und das 1842 gegründete sogenannte *Bürgerliche Bräuhaus*, die älteste der Pilsener Brauereien.

Wenn es Abend wird über Prag, zeigt sich die Goldene Stadt im tausendfachen Lichterglanz. Im Vordergrund die Karlsbrücke, dahinter die Adelspaläste der Kleinseite und der St.-Veits-Dom auf dem Hradschin.

Praha (Prag) ⑳. Die Landesmetropole ist nicht nur die weitaus größte Stadt, das wirtschaftliche und geistige Zentrum Tschechiens, sondern auch seit jeher gleichsam Symbol für das Auf und Ab der wechselvollen tschechischen Geschichte. Der gesamte Innenstadtbereich, aus fünf bis zum 18. Jahrhundert selbständigen Städten zu beiden Seiten der Moldau zusammengewachsen, steht unter Denkmalschutz.

Die außergewöhnliche Dichte an Bauwerken aus allen Epochen seit dem hohen Mittelalter macht zusammen mit dem romantischen Flair und der quirligen Lebendigkeit den besonderen Charme der tschechischen Hauptstadt aus.

Dreh- und Angelpunkt des großstädtischen Lebens ist auch heute noch der unregelmäßig angelegte *Staroměstské náměstí*, der *Altstädter Ring*. Beherrscht wird der weite Platz vom gotischen *Altstädter Rathaus* und seinem Turm mit dem filigranen Kapellenerker und der weltberühmten *astronomischen Uhr*. Der Platz ist gesäumt von Renaissancehäusern, hinter deren Stufengiebeln die Türme der *Teynkirche* aufsteigen, daneben das rekonstruierte gotische *Turmhaus «Zur steinernen Glocke»* und das elegante *Rokoko-Palais Goltz-Kinsky* von Kilian Ignaz Dientzenhofer. An der Nordseite erhebt sich die Barockkirche *St. Niklas*, ebenfalls ein Werk von Dientzenhofer.

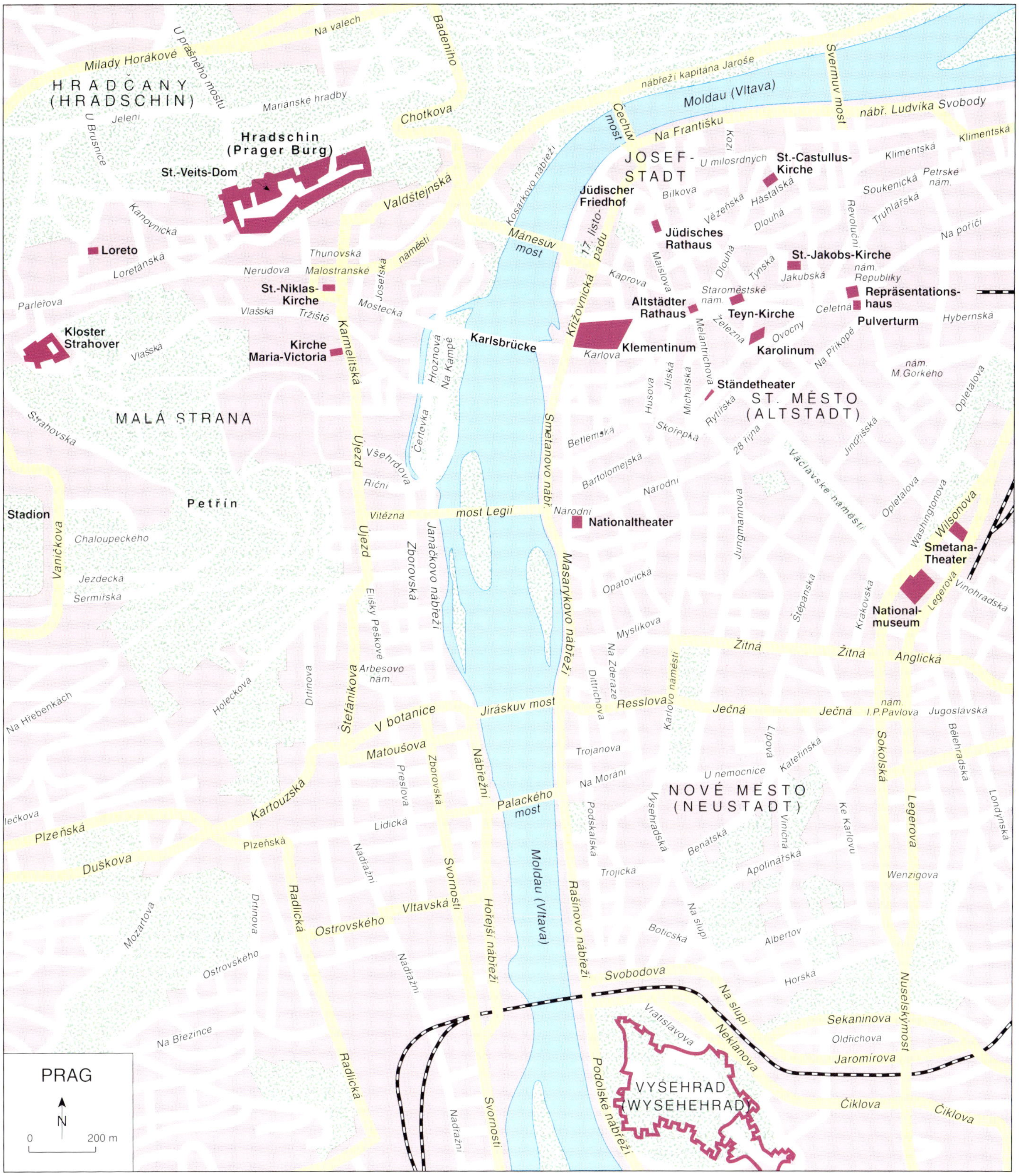

Auf dem südlich benachbarten Ovocný trh, dem Obstmarkt, befindet sich das frühklassizistische *Stavovské divadlo (Ständetheater)*, wo 1787 Mozarts «Don Giovanni» uraufgeführt wurde, gleich daneben das *Carolinum*, das Hauptgebäude der 1348 von Kaiser Karl IV. gegründeten Universität.

Nach Norden führt vom Altstädter Ring aus die Prachtstraße *Pařížská třída* durch das ehemalige jüdische Viertel *Josefov (Josefstadt;* siehe Seite 146*)*. Der in Fragmenten erhaltene Westteil mit dem berühmten *Alten Jüdischen Friedhof* und den altehrwürdigen Synagogen bildet das sehenswerte *Staatliche Jüdische Museum (Státní židovské muzeum)*.

Daran angrenzend erhebt sich ein großartiges Bauensemble des Historismus: An der Moldau, vor dem überwältigenden Panorama der Kleinseite und des Hradschin gruppieren sich um die Auffahrt zur Mánes-Brücke das Künstlerhaus Rudolfinum, dessen Konzertsaal Hauptschauplatz des Musikfestivals «Prager Frühling» ist, das Kunstgewerbemuseum und die Kunstgewerbeschule.

Nur wenige Schritte südlich davon steht die berühmteste aller Prager Brücken, die *Karlsbrücke* mit ihren dreißig Heiligenstatuen. Den kleinen Platz vor dem *Brückentor*, den Křižovnické náměstí (Kreuzherrenplatz), flankieren zwei imposante

1

2

3

4

Prager Impressionen: 1 *Die Welsche Kapelle in der Karlsgasse wurde zwischen 1590 und 1597 für die ersten in Prag ansässigen Italiener errichtet. Sie weist einen ungewöhnlichen ovalen Grundriß auf.* – 2 *Mosaik der Fürstin Libussa in der Eingangshalle zum Alten Rathaus.* – 3 *Das Jan-Hus-Denkmal auf dem Altstädter Ring vor der Tynkirche wurde 1915 zum fünfhundertsten Todestag des Reformators enthüllt. Links das Palais Goltz-Kinsky, in dem Franz Kafka das Deutsche Gymnasium besuchte.* – 4 *Ein Straßencafé in der Karlsgasse lädt zum Verweilen ein.*

6

7

5

5 Kunst und Kitsch werden auf dem Altstädter Ring von fliegenden Händlern zum Kauf angeboten. – 6 Die reich verzierte Fassade des Handelsministeriums an der Nordseite des Altstädter Rings, erbaut 1898 bis 1900. – 7 Der Bau des spätgotischen Pulverturms wurde 1475 begonnen. Seine endgültige Fertigstellung zog sich jedoch bis ins 19. Jahrhundert hin. Das obere Stockwerk und das Dach wurden erst bei der Restaurierung 1875–1883 vollendet. Der Name geht auf das 17. Jahrhundert zurück. Damals diente der Turm als Depot für die Schießpulvervorräte Prags.

Die Sehenswürdigkeiten von Košice gruppieren sich um den námestie Slobody (Freiheitsplatz), den die größte Kirche der Slowakei, der *Dom St. Elisabeth,* beherrscht. Im Innenraum der fünfschiffigen Kirche findet sich einer der größten spätgotischen Tafelaltäre Europas aus dem 15. Jahrhundert.

Die *Michaelskapelle* südlich des Doms, das im Neorenaissancestil errichtete *Staatstheater,* das *Palais Forgách,* das *Bischöfliche Palais,* das ehemalige *Neue Komitatshaus,* in dem 1945 das sogenannte Kaschauer Regierungsprogramm verkündet wurde, das berühmte *Hotel «U čierneho orla» («Zum schwarzen Adler»),* der *Urbansturm* und die *Prämonstratenserkirche* bilden ein Ensemble bemerkenswerter Baudenkmäler rund um den Dom.

Krásna Hôrka ㉚. Fünf Kilometer östlich der ostslowakischen Kreisstadt Rožňava (Rosenau) liegt auf einem Kalksteinfelsen über der Ortschaft Krásnohorské Podhradie *Schloß Krásna Hôrka,* eine der am besten erhaltenen Burganlagen des Landes.

Die mächtige Burg von Krásná Hôrka in der Ostslowakei schützte einst das Slana-Tal und die von deutschen Siedlern gegründete Bergstadt Rožnava (Rosenau) vor Einfällen der Türken.

Ursprünglich eine Renaissancefeste gegen die türkische Bedrohung, wurde die Burg später unter den Grafen Andrássy zu einem repräsentativen Herrensitz ausgebaut und zu Beginn des 20. Jahrhunderts in ein Museum umgewandelt.

Liptovský Mikuláš (Liptau-Sankt-Nikolaus) ㉛. Die am rechten Ufer des Váh-Tals gelegene Stadt entwickelte sich im 19. Jahrhundert zu einem Zentrum der slowakischen nationalen Bewegung. Die in der zweiten Hälfte des 13. Jahrhunderts erbaute gotische *Pfarrkirche St. Nikolaus,* die im 15. Jahrhundert in das Befestigungssystem der Stadt einbezogen wurde, birgt drei wertvolle Altäre und Gemälde des Meisters von Okoličná aus dem 15. Jahrhundert.

Dicht daneben steht die im 17. Jahrhundert errichtete *Palatinatskurie,* das sogenannte Stuhlhaus, in dem im März 1713 das Todesurteil über den Räuberhauptmann und Volkshelden Juraj Jánošík gefällt wurde. Zu den Sehenswürdigkeiten der Stadt zählt neben dem *Alten Gymnasium* das *Slowakische Karstmuseum* sowie das nach dem Dichter Janko Kráľ benannte *Literaturmuseum* im sogenannten *Selig-Haus.*

Martin (Sankt Martin) ㉜. An die große Bedeutung Martins als politisches und kulturelles Zentrum der slowakischen nationalen Bewegung erinnern die Gebäude des Kulturvereins Matica slovenská und des ehemaligen slowakischen Gymnasiums, der klassizistische Bau des einstmaligen Volkshauses, in dem sich heute ein Theater befindet, dann das alte Gebäude des *Slowakischen Nationalmuseums,* die *Slowakische Nationalbibliothek* und der *Nationalfriedhof,* auf dem viele bedeutende slowakische Dichter und Politiker begraben liegen. Überragt wird die Stadt von der gotischen *Hauptkirche St. Martin.*

Nitra (Neutra) ㉝. Als vermutlich älteste Stadtanlage der Slowakei liegt Nitra zu Füßen einer im 11. Jahrhundert gegründeten Burg. Der zum großen Teil unter Denkmalschutz stehende historische Stadtkern bietet neben der barockisierten *Kathedrale* aus dem 13. bis 14. Jahrhundert viele sehenswerte Baudenkmäler. Besondere Erwähnung verdienen das *Erzbischöfliche Palais,* die *Piaristenkirche,* die ehemalige Franziskanerkirche, die aus dem 11. Jahrhundert stammende *Kapelle St. Stephan* und die zu Beginn des 20. Jahrhunderts erbaute *Synagoge.*

Nordöstlich von Nitra liegt im Tal der Žitava in einem großen englischen Schloßpark das mit einem Arkadenhof ausgestattete *Renaissanceschloß Topoľčianky,* das in der Ersten Republik dem Staatspräsidenten als Sommersitz diente.

Orava-Region ㉞. Zu den landschaftlich reizvollsten Gebieten der mittleren Slowakei gehört die Region an der Orava (Arva), benannt nach einem rechten Nebenfluß des Váh (Waag), der am Oberlauf an der *Orava-Talsperre* gestaut wird, sich dann in einem malerischen, engen Felsental in südwestliche Richtung schlängelt, um schließlich nördlich von Ružomberok (Rosenberg) in den Váh zu münden.

Die fischreiche Talsperre mit einer künstlichen Insel, mit vielen Wassersportmöglichkeiten und zahlreichen Campingplätzen ist ein vielbesuchtes Erholungsgebiet zwischen den Slowakischen Beskiden und der Oravská Magura (Arvaer Magura), deren höchste Gipfel über 1700 Meter erreichen.

Am Unterlauf der Orava, wenige Kilometer nordöstlich von Dolný Kubín, erhebt sich die *Burg Orava,* eine der imposantesten Grenzfesten der Slowakei. Entstanden im 13. Jahrhundert, wurde die Burg im 16. Jahrhundert mit drei übereinanderliegenden Befestigungsringen zu einem praktisch uneinnehmbaren Bollwerk gegen die Türken ausgebaut.

Pieninský národný park (Pieninen-Nationalpark) ㉟. Östlich der Hohen Tatra, bei Spišská Stará Ves (Altendorf) durchbricht der Fluß Dunajec die bewaldeten Höhen der Pieniny. Hier befindet sich der kleinste der fünf Slowakischen Nationalparks. Ihre Naturschönheit verdanken die Pieniny ihrer Pflanzenwelt und der Dunajec-Schlucht, in der bis zu 300 Meter hohe Felswände den stellenweise nur 100 Meter breiten Taleinschnitt säumen.

Der reißende Fluß, an dessen Ufer ein markierter Wanderweg entlangführt, kann auf einer Länge von neun Kilometern mit Holzflößen befahren werden. Die Floßfahrten beginnen in *Červený Kláštor (Rotes Kloster),* einem ursprünglich im 14. Jahrhundert erbauten Kartäuserkloster, und führen durch ein eindrucksvolles Durchbruchstal mit mächtigen Steilwänden.

EDLE TROPFEN AUS DER SLOWAKEI

Ein landschaftliches Weinseminar

Die Hänge der Kleinen Karpaten, die Ufer der Nitra, das Tokajeranbaugebiet in der Ostslowakei sind uralte, bei uns aber fast unbekannte Weinregionen. Hier reifen Rebsorten in großer Vielfalt oft noch nach altväterlichen Kellermethoden: Tokajer, Traminer, Grüner Sylvaner, Roter Ruländer und der Blaufränkisch.

Die Karpaten. Wem klänge dieser Name nicht nach blutsaugerischen Geistern und dickem rotem Saft. Wirklich, leicht ist jener Saft selten, der in den Kellern der Kleinen Karpaten reift, jenes idyllischen Waldbergerückens, der sich direkt hinter Bratislava (Preßburg) gen Nordosten zieht.

Vierzig Jahre, in denen man statt der von der KP verordneten Einheitsweine großartige Kredenzen hätte auslesen und ausbauen können, sind dem slowakischen Wein verlorengegangen. Derlei war als bürgerliche Unart verpönt, ja verboten. Aber angesichts der wechselnden charakteristischen Böden, angesichts des Grenzklimas zwischen Donau und Waldgebirge gedeihen hier seit je vielfältige Tropfen von besonderem Charakter. Nach der Wende kommt nur langsam das Geld für teure Kellertechnik. Mancherorts muß man den Wein noch wie einst vom Faß trinken, weil man ihn nicht haltbar machen kann.

Schon die böhmischen und mährischen Weinlande sind kaum bekannt. Die köstlichen Lagen Südmährens vielleicht, die an das niederösterreichische Weinviertel anschließen. Manchmal auch die Tropfen vom Zusammenfluß von Elbe und Moldau im mittelböhmischen Melnik, einer Idylle, wo ein Renaissanceschloß und eine gotische Kirche steile Rebgärten krönen. Sogar den herben Weißen der «Porta Bohemica», der Böhmischen Pforte ganz im Norden, haben Leute mit besonderer Nase schon erschnüffelt. Aber Wein in der Slowakei? Dabei sind an den Kleinen Karpaten die Lagen aufgereiht wie in einem landschaftlichen Weinseminar: Erst Rača mit dem Frankovka, dem Blaufränkisch; dann Pezinok, Modra,

Častá, Smolenice und wie sie alle heißen. Hier versteht man sich besonders auf die Mädchentraube, dort auf den Traminer, da auf den Rheinriesling, dort auf den Welschriesling und den Grünen Sylvaner oder den Veltliner, so wie Böden und Kleinklima wechseln.

König der Rebsorten aber ist ganz sicher der Frankovka, neben dem roten Ruländer hier die klassische Rotweinsorte. Nitra weiter östlich hat sich zu einem Mekka des Blaufränkisch gemausert. Diese sehr alte, vorrömische Rebe, die vom Schwarzen Meer die Donau heraufgewandert ist, ist in ihrem Variantenreichtum einzigartig. Manchem etablierten Rotwein aus West- oder Südeuropa könnte sie Konkurrenz machen.

So wie man im Osten des Landes bereits heute dem berühmten ungarischen Tokajer Konkurrenz macht: Die Slowakei partizipiert mit einem kleinen, feinen Stück an dem legendären Anbaugebiet. Das äußerlich noch etwas armselige Slovenské Nové Mesto kurz vor der ukrainischen Grenze läßt kaum ahnen, welche wuchtigen Tropfen in seinen Kellern reifen. Es liegt genau gegenüber von Sátoraljaújhely, dem ungarischen Tokajer-Mekka. Die slowakische Gemarkung glaubt sich den ungarischen Nachbarn sogar überlegen: Hier keltert man traditionell den Tokajer unterschiedlich schwer und von unterschiedlicher Süße, nicht nur ausschließlich für den Geschmack angestammter Süßmäuler. *Michael Frank*

Oben: In der Zochová-Hütte. Modra ist die größte Weinbaugemeinde der Slowakei. – Unten: Das Weinstädtchen Svätý Jur (Sankt Georg; siehe Seite 149).

Der langgestreckte Marktplatz von Trenčín (Trentschin) am linken Ufer des Váh (Waag). Die doppeltürmige Piaristenkirche wurde Anfang des 18. Jahrhunderts erbaut. Links daneben die Kuppel der ehemaligen Synagoge.

Prešov (Preschau) ㊱. Das an den Ufern der Torysa gelegene Prešov ist das Zentrum der in der Ostslowakei siedelnden ukrainischen Minderheit (etwa 70 000 Personen) und Sitz eines katholischen und eines griechisch-katholischen Bischofs. Rund um den Hauptplatz mit der beherrschenden *Pfarrkirche St. Nikolaus* erstreckt sich die denkmalgeschützte Altstadt. Unter den klassizistischen Bürgerhäusern, die den Platz säumen, ragt das *Rákóczi-Palais* heraus. Weitere bemerkenswerte Bauten sind die barocke *evangelische Kirche*, die *orthodoxe Kirche* aus dem 15. Jahrhundert und das im 16. Jahrhundert entstandene *Gasthaus «Čierný orol» («Schwarzer Adler»)*.

Im wenige Kilometer von Prešov entfernten Brežany findet man eine hölzerne *griechisch-orthodoxe Kirche* aus dem 18. Jahrhundert, ein charakteristisches Beispiel für die nur noch selten anzutreffenden traditionellen Karpatenkirchen.

In den Gassen von Prešov (Preschau). Die ostslowakische Stadt ist kultureller und wirtschaftlicher Mittelpunkt der karpatoukrainischen Minderheit in der Slowakei und Sitz des uniert-ruthenischen Bischofs.

Slovenský raj (Slowakisches Paradies) ㊲. Dieses Naturschutzgebiet bildet einen Teil des Slowakischen Erzgebirges zwischen Poprad (Deutschendorf) und Spišská Nová Ves (Zipser Neudorf). Es gehört zu den meistbesuchten Touristenattraktionen der Slowakei. Bekannt ist es vor allem durch seine zahlreichen, oft nur ein bis zwei Meter breiten Klammen zwischen steilen Felswänden, die bis zu 300 Meter emporragen. Die schönsten von ihnen, Kysel', Suchá Belá und Velký Sokol sind mit Hilfe von Eisenleitern und Brücken für Besucher erschlossen. Auf dem Grund der Schluchten schlängeln sich Bäche und Rinnsale, die durch Kaskaden und Wasserfälle gespeist werden. Besonders eindrucksvoll sind der 60 Meter hohe Große Wasserfall und der dreistufige Schleierwasserfall im Tal Sokolia dolina. Eine besondere Attraktion des Slowakischen Paradieses ist die *Dobschauer Eishöhle (Dobšinská l'adová jaskyňa)*, eine der schönsten der Welt.

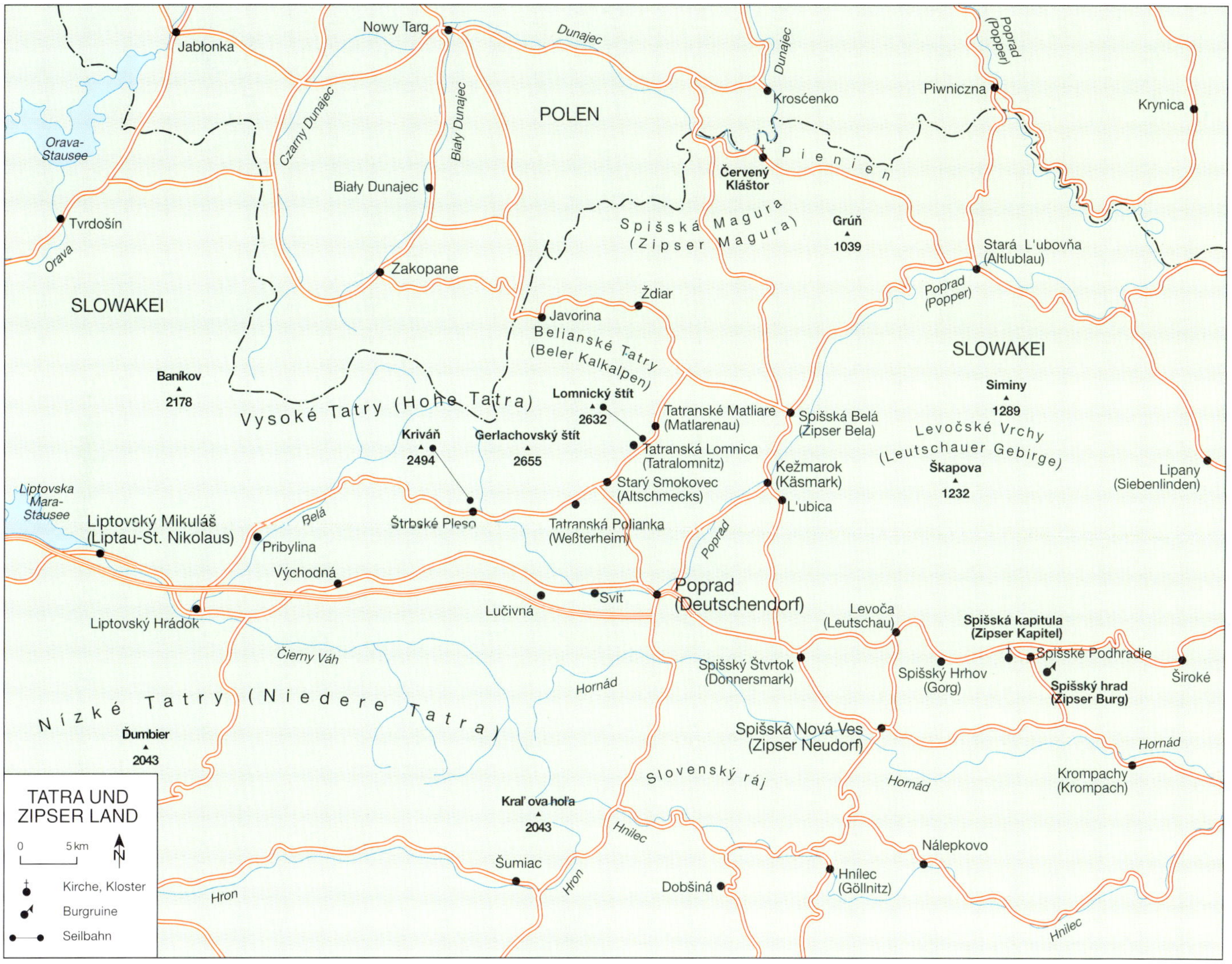

Einer der zahlreichen Bergseen in der Hohen Tatra ist der Skalnaté pleso am Fuß des Lomnický štít (Lomnitzer Spitze). Noch im Hochsommer findet man an den Nordhängen der steilen Gipfel größere Schneefelder.

Trenčín (Trentschin) ㊳. Das alte Zentrum der Stadt betritt man durch das ehemalige *Türkentor*, die Dolná brána (Unteres Tor). Von hier führt der Weg zu dem von Renaissance- und Barockhäusern umgebenen Friedensplatz. Sehenswert sind die *Barockkirche des heiligen Franz Xaver* und die 1324 erbaute *gotische Pfarrkirche* mit einem prächtigen Alabasteraltar.

Am Štúrovo námestie (Štúr-Platz) erinnert die im 19. Jahrhundert errichtete *Synagoge* an die im Zweiten Weltkrieg ausgelöschte große jüdische Gemeinde. Die *Burg* über der Stadt bot einst Schutz gegen die Tataren und Türken und dient heute als Museum und Galerie. Den 142 Meter tiefen *Brunnen der Liebenden* soll einst ein türkischer Gefangener für den Preis der Freiheit seiner Geliebten gebohrt haben.

Trnava (Tyrnau) ㊴. Inmitten ausgedehnter Weinberge und fruchtbarer Äcker liegt Trnava, wegen seiner zahlreichen Kirchen das «slowakische Rom» genannt, das religiöse und kulturelle Zentrum Ungarns in der Epoche der Türkenkriege. Wahrzeichen der Stadt ist der mächtige *Dom St. Nikolaus*, eine dreischiffige gotische Basilika mit barocken Seitenkapellen und einer Zentralkapelle aus dem frühen 18. Jahrhundert.

Im Osten und Westen der Altstadt sind bedeutende Reste der spätmittelalterlichen Ummauerung erhalten. Unter den Profanbauten ragen neben einer Reihe schöner alter Bürgerhäuser die barocken Gebäude der *ehemaligen Universität*, das klassizistische *Rathaus* aus dem späten 18. Jahrhundert und der fast 70 Meter hohe *Stadtturm* aus dem Jahr 1574 heraus.

Vysoké Tatry (Hohe Tatra) ㊵. Die etwa 70 Kilometer lange und 30 Kilometer breite Granitkette ist ein steil aufragendes Hochgebirgsmassiv von außerordentlicher Wildheit, das den höchsten Teil des gesamten langgestreckten Karpatenbogens bildet.

Zu den bedeutendsten Gipfeln des Gebirges gehören der Kriváň (2494 m), die Končistá (2535 m), die Vysoká (2560 m); die höchsten Erhebungen erreicht der imposante Gebirgsstock am Gerlachovský štít (2655 m), Slavkovský štít (2452 m) und Lomnický štít (2632 m).

Eine Besonderheit der Hohen Tatra sind mehr als hundert im Schoß der Berge verborgene Seen. Die ersten Schneefälle setzen schon Ende September ein, und in den Höhenlagen bleibt der Schnee gewöhnlich bis Ende Mai liegen. Der über 50 000 Hektar umfassende Tatra-Nationalpark mit seiner hochalpinen Pflanzenwelt ist eine Heimstätte seltener Tierarten, darunter Gemsen, Wildkatzen, Murmeltiere, Luchse, Bären, Wölfe und Steinadler.

Žilina (Sillein) ㊶. Als wirtschaftliches und kulturelles Zentrum der nördlichen Slowakei bietet Žilina eine gelungene Kombination alter mit neuer Architektur. Im historischen Kern der Stadt, die durch das «Silleiner Buch», eine Rechtssammlung des 14. Jahrhunderts, Berühmtheit erlangte, finden wir zahlreiche Laubenhäuser im Renaissancestil, das *Alte Rathaus* und das *Jesuitenkloster.*

Eindrucksvolle Kirchen sind die Mitte des 13. Jahrhunderts als romanische Basilika errichtete *Stadtpfarrkirche* mit ihrem freistehenden Glockenturm und die barocke *Franziskanerkirche.* Am Stadtrand, an der Mündung der Kysuca in den Váh (Waag), steht die mittelalterliche *Zollfeste,* die im 13. Jahrhundert als romanische Wasserburg angelegt wurde.

Der modern gestaltete Platz der «Ballustrade» am Rand der Altstadt von Žilina (Sillein). Der zweite, freistehende Turm der der Heiligen Dreifaltigkeit geweihten gotischen Pfarrkirche wurde 1540 im Renaissancestil errichtet.

Die Hohe Tatra ist für den Sommer- und Wintertourismus gut erschlossen. Die Zentren des Fremdenverkehrs, Tatranská Lomnica (Tatra-Lomnitz), das Gebiet um Starý Smokovec (Altschmecks) und Štrbské pleso (Tschirmer See), sind durch eine Schmalspurbahn miteinander verbunden, die in Poprad (Deutschendorf) beginnt. Eine Zahnradbahn verkehrt zwischen Štrba und Štrbské pleso sowie zwischen Starý Smokovec und Hrebienok. Seilbahnen und Sessellifte überbrücken die großen Höhenunterschiede zwischen den touristischen Zentren und den Gipfeln, Skipisten und Bergseen. Alle Wanderwege sind gut markiert. Für schwierige Bergtouren ist allerdings die Begleitung durch einen Bergführer erforderlich.

Zvolen (Altsohl) ㊷. Hoch über dem Ufer der Slatina erhebt sich die imposante *Burganlage* des Städtchens, das einst durch seine Silbergruben Reichtum erlangte und dann Komitatshauptstadt und Sommerresidenz der ungarischen Könige war. Auf dem langgestreckten Stadtplatz steht die gotische Pfarrkirche St. Elisabeth aus dem Jahr 1390.

Zwischen 1370 und 1382 erbaute Ludwig I. der Große auf dem Hügel über der Slatina ein Jagdschloß im Stil italienischer Castelli, das im 15. und 16. Jahrhundert zur Festung gegen die Türken erweitert und umgestaltet wurde. Unter der ungarischen Adelsfamilie Eszterházy erhielt die Burganlage den Charakter eines repräsentativen Renaissanceschlosses.

TSCHECHIEN
0
N
25 km
Burg
POLEN
DEUTSCHLAND
ÖSTERREICH
SLOWAKEI
Bautzen
Görlitz
Wrocław
Meißen
Dresden
Alten-burg
Gera
Chemnitz
Freiberg
Zwickau
Annaberg-Buchholz
Plauen
Elbe
Zittau
Liberec (Reichen-berg)
Jelenia Góra
Wałbrzych
Odra
Opole (Oppeln)
Labské pískovce
Děčín
Nový Bor
Jablonec
Teplice
Ústí n. L. (Aussig)
Duchcov
Most
Chomutov
Litoměřice
Turnov
Vrchlabí
Trutnov
Krkonoše
Náchod
Kłodzko
Nysa
Český ráj
Jičín
Mladá Boleslav
Mělník
Louny
Ohře
Krušné hory
Karlovy Vary (Karlsbad)
Kladno
Františkovy Lázně (Franzensbad)
Cheb (Eger)
Mariánské Lázně (Marienbad)
(siehe Seite 124)
Marktredwitz
Karlštejn (Karlstein)
Praha (Prag)
Vltava
Labe
Hradec Králové (Königgrätz)
Rychnov nad Kněžnou
Orlické hory
Kunětická hora
Poděbrady
Pardubice
Kolín
Kutná Hora
Chrudim
Litomyšl
Jeseník
Šumperk
Mohelnice
Moravská Třebová
Svitavy
Bruntál
Ostrava (Mährisch-Ostrau)
Karviná
Frýdek Místek
Český Těšín
Bielsko-Biała
Gliwice (Gleiwitz)
Katowice
Bytom
Rybnik
Racibórz
Glubczyce
Wisła
Nový Jičín
Olomouc (Olmütz)
Morava
Moravskoslezské Beskydy
Čadca
Orava
Valašské Meziříčí
Rožnov
Vsetín
Přerov
Kroměříž
Zlín
Bytča
Žilina
Dolný Kubín
Martin
Velká Fatra
Prievidza
Kremnica
Žiar
Banská Štiavnica
Hron
Benešov
Havlíčkův Brod
Žďár
Boskovice
Moravský Kras
Brno (Brünn)
Plzeň (Pilsen)
Příbram
Weiden
Amberg
Orlík
Zvíkov
Tábor
Domažlice (Taus)
Klatovy
Písek
Jihlava
Velké Meziříčí
Jindřichův Hradec (Neuhaus)
Telč
Třebíč
Cham
Sušice
Strakonice (Strakonitz)
Zwiesel
Šumava
Vimperk
České Budějovice (Budweis)
Prachatice
Třeboň (Wittingau)
Slavonice
Znojmo
Mikulov
Lednice
Hodonín
Uherské Hradiště
Trenčín
Regensburg
Straubing
Deggendorf
Donau
Český Krumlov (Krumau)
Vyšší Brod
Passau
Freistadt
Landshut
March
Malacky
Senica
Malé Karpaty
Trnava
Piešťany
Topoľčany
Hlohovec
Nitra
Levice
Váh
Wien
Bratislava (Preßburg)

Orlické hory
Rychnov nad Kněžnou
Jeseník
Racibórz
Rybnik
Tychy
Kraków (Krakau)
Wisła
Dunajec
WEISS-RUSSLAND
Bruntál
Ostrava (Mährisch-Ostrau)
Karviná
Bielsko-Biała
POLEN
Gorlice
Chrudim
Šumperk
Nowy Sącz
Litomyšl
Moravská Třebová
Odra
Český Těšín
Rabka
Svitavy
Mohelnice
Morava
Nový Jičín
Frýdek-Místek
Nowy Targ
(siehe Seite 153)
TSCHECHISCHE REPUBLIK
Olomouc (Olmütz)
Moravskoslezské Beskydy
Zako-pane
Spišská Magura
Svidník
Nízke Beskydy
Bardejov
Čadca
Orava
Oravský hrad
Stará Ľubovňa
PIENINSKY NARODNY PARK
Žďár
Boskovice
Přerov
Valašské Meziříčí
Rožnov
Vsetín
Malá Fatra
Dolný Kubín
Vysoké Tatry
Snina
Humenné
Bytča
Žilina
Liptovský Mikuláš
Levoča
Prešov
UKRAINE
Moravský Kras
Brno (Brünn)
Kroměříž
Velké Meziříčí
Zlín
Martin
Ružomberok
Váh
Poprad
Spišská Nová Ves
Spišský hrad
Vranov
Michalovce
Třebíč
Velká Fatra
Nízke Tatry
Slovenský raj
Hornád
Košice (Kaschau)
Užgorod
Uherské Hradiště
Trenčín
Hron
Brezno
Krásna Hôrka
Trebišov
Hodonín
Znojmo
Prievidza
Banská Bystrica
SLOWAKEI
Rožňava
Mikulov
Břeclav
Kremnica
Sátoraljaújhely
Žiar
Zvolen
Tornaľa
Senica
Malé Karpaty
Piešťany
Topoľčany
Rimavská Sobota
ÖSTERREICH
Banská Štiavnica
Kazincbarcika
Malacky
Trnava
Hlohovec
Lučenec
Ózd
March
Miskolc
Nitra
Levice
Sv. Jur (St. Georg)
Wien
Bratislava (Preßburg)
Šahy
Salgótarján
Donau
Polgar
Eger
Bruck
Nové Zámky
UNGARN
Gyöngyös
Dunajská Streda
Vác
Tiszafüred
Debrecen
Komárno
Dunaj
Esztergom
Eisenstadt
Moson Magyaróvár
Duna
Hatva
Heves
Gödöllő
Győr
Budapest
Karcag
SLOWAKEI
0
N
25 km
Burg

Register

Kursive Seitenzahlen verweisen auf Abbildungen.

Personenregister

Orts- und Sachregister

Text- und Bildnachweis

Textnachweis

Die Themen-Essays auf den Seiten 14/15, 68/69, 86/87, 146 und 151 sind von Michael Frank, auf Seite 82/83 von Peter Heumos und auf den Seiten 42/43 und 46 von Michaela Marek.

Franz Grillparzer, Tagebücher und Reiseberichte. Verlag der Nation, Berlin 1980: Seite 1.

Bildnachweis

Archiv für Kunst und Geschichte, Berlin: S.40 o. und u. l., 42 l., 70 (2), 82 M., 83 (2).

Bildarchiv Bucher, München: S. 42 u. r. (2), 43 l., 44/45 (5), 82 l. und u., 82/83 o.

Bildarchiv Engelmeier, München: S. 41 o. r.

Bildarchiv Preußischer Kulturbesitz, Berlin: S. 40 u. M., 41 l., u. M. und u. r., 47.

Ifa-Bilderteam, München: S. 146 o. und u.

Interfoto, München: S. 146 M.

Jürgens Ost und Europa Photo, Berlin: S. 14/15 u.

Kulturgeschichtliches Bildarchiv C. und L. Hansmann, München: S. 46 (3).

Länderpress, Düsseldorf: S. 15 r., 128 o.

Ministerstvo Hospodárstva Slovenskej Republiky, Bratislava: S. 151 (2).

Werner Neumeister, München: S. 16/17 M., 66/67 (8), 71.

Sächsische Landesbibliothek, deutsche Fotothek, Dresden: 16 o., 17 r. (2), 42/43 o.

Stock-Food Eising, München: S.86/87 (4).

Ullstein Bilderdienst, Berlin: S. 16 u.

Alle übrigen Abbildungen stammen von Axel M. Mosler, Dortmund.

Die Karten auf den Seiten 108, 124, 143, 149, 153 und 155 zeichnete Astrid Fischer-Leitl, München.

Wir danken allen Rechteinhabern für die Erlaubnis zu Nachdruck und Abbildung. Trotz intensiver Bemühungen war es nicht möglich, alle Rechteinhaber zu ermitteln. Wir bitten diese, sich an den Verlag zu wenden.

Alle Angaben dieses Bandes wurden von den Autoren sorgfältig recherchiert und vom Verlag auf Stimmigkeit und Aktualität geprüft. Allerdings kann keine Haftung für die Richtigkeit der Informationen übernommen werden. Für Hinweise und Anregungen sind wir jederzeit dankbar.

Zuschriften bitte an den Verlag C.J. Bucher, Lektorat, Goethestraße 43, 80336 München

Impressum

Konzeption: Axel Schenck
Lektorat: Walter Herdrich, Katrin Ritter
Bildgestaltung: Joachim Hellmuth
Bilddokumentation: Maria Guntermann
Graphische Gestaltung: Werner Poll
Herstellung: Angelika Kerscher, Armin Köhler

Technische Produktion:
Satz: Layout & Grafik 1000 GmbH, München
Lithographie: Repro Lana, I-Lana
Druck und Bindung: Druckerei Eberl, Immenstadt

Printed and bound in Germany
ISBN 3 7658 1061 4

DIE NATIONEN EUROPAS
DIE BALTISCHEN STAATEN
ISBN 3-7658-0969-1
BELGIEN LUXEMBURG
ISBN 3-7658-1097-5
DÄNEMARK
ISBN 3-7658-0737-0
DEUTSCHLAND
ISBN 3-7658-0961-6
ENGLAND
ISBN 3-7658-0863-6
FINNLAND
ISBN 3-7658-0942-X
FRANKREICH
ISBN 3-7658-0888-1
GRIECHENLAND
ISBN 3-7658-1015-0
IRLAND
ISBN 3-7658-0923-3
ITALIEN
ISBN 3-7658-0973-X
NIEDERLANDE
ISBN 3-7658-1062-2
NORWEGEN
ISBN 3-7658-0859-8
ÖSTERREICH
ISBN 3-7658-1025-8
POLEN
ISBN 3-7658-1063-0
PORTUGAL
ISBN 3-7658-1030-4
RUSSLAND
ISBN 3-7658-0880-6
SCHOTTLAND
ISBN 3-7658-0878-4
SCHWEDEN
ISBN 3-7658-0943-8
SCHWEIZ
ISBN 3-7658-0974-8
SPANIEN
ISBN 3-7658-0762-1
Jeder Band 160 Seiten, durchgehend farbig, historische Bilddokumentation, Themen-Essays, Karten, Format 24 x 30 cm, gebunden mit farbigem Schutzumschlag, Vor- und Hintersatz Europakarte.
TSCHECHIEN SLOWAKEI
ISBN 3-7658-1061-4
UNGARN
ISBN 3-7658-0813-X
BUCHER
Maßstab für Bildbandqualität

Schottland
Irland
England
Niederlande
Belgien
Deutschland
Frankreich
Schweiz
Portugal
Spanien